약수와 배수로
유령 선장을 이긴
15소년

초등 5·6학년 수학동화 시리즈 ❸
약수와 배수로 유령 선장을 이긴 15소년(개정판)

3판 2쇄 발행 2024년 10월 23일

글쓴이	정영훈
그린이	이진호
펴낸이	이경민
펴낸곳	㈜동아엠앤비
출판등록	2014년 3월 28일(제25100-2014-000025호)
주소	(03972) 서울특별시 마포구 월드컵북로22길 21, 2층
전화	(편집) 02-392-6901 (마케팅) 02-392-6900
팩스	02-392-6902
전자우편	damnb0401@naver.com
SNS	f ⓘ blog

ISBN 979-11-6363-768-4 (74410)
　　　　979-11-6363-735-6(세트)

※ 책 가격은 뒤표지에 있습니다.
※ 잘못된 책은 구입한 곳에서 바꿔 드립니다.

도서출판 뭉치는 ㈜동아엠앤비의 어린이 출판 브랜드로, 아이들의 지식을 단단하게 만들어 주고,
아이들의 창의력과 사고력을 키워 주어 우리 자녀들이 융합형 창의 사고뭉치로
성장할 수 있도록 좋은 책을 만들겠습니다.

초등 5·6학년
수학동화

3

2022 개정 수학 교과를 대비하는
스토리텔링 수학 교과서!

약수와 배수로
유령 선장을 이긴
15소년

72 x 2 = 144
72 x 3 = 216
72 x 4 = ...

글 정영훈 · 그림 이진호

약수와 배수

뭉치
MoongChi Books

추천의 글

과학기술의 발전으로 급격히 변화하는 시대에 우리 자녀들을 창의력과 사고력을 갖춘 아이로 키우기 위해서는 어떻게 해야 할까요?

2022년 수능부터 문과의 사회탐구영역(사탐)과 이과의 과학탐구영역(과탐)으로 구분되던 문이과 구분이 없어지고, 이 둘이 탐구영역 하나로 통합되어 최초로 시행되었습니다. 통합과목이 도입된 이유는 인문 계열 학생이 과학 교과를 소홀히 하고, 자연 계열 학생이 사회 교과를 소홀히 하는 현실을 바꾸기 위함입니다. 이에 따라 과정 중심의 평가가 이루어져 고교 수업에서 토의와 토론, 프로젝트, 탐구 등 활동 중심 수업의 중요성이 강조되고 있습니다.

이러한 문·이과 통합 교육과정에 대비하기 위해서는 통합 교육과정을 소화할 수 있도록 초등학생 때부터 통합 사고력을 키워야 합니다. 〈초등 5·6학년 수학동화〉 시리즈는 이러한 교육과정에 대비한 스토리텔링 수학동화입니다. 스토리텔링 수학동화는 수리적인 우뇌와 언어 영역인 좌뇌의 성장을 골고루 촉진시켜 학습이 이루어지는 시냅스의 연결망에 흔적을 남기고, 훗날 교과서에서 배울 때 시냅스의 연결망이 자연스레 작동을 하게 해 사고력 신장에 강력한 도구라고 할 수 있습니다.

흔히들 수학은 대단히 재미있고 매력적인 학문이라고 생각하지만, 어려운 기호와 수식들 때문에 많은 학생들이 수학을 어려워하고 심지어는 금방 포기해 버리는 경우가 많습니다. 〈초등 5·6학년 수학동화〉 시리즈는 『이상

한 나라의 앨리스』, 『보물섬』, 『일리아드와 오디세이』, 『15소년 표류기』, 『로미오와 줄리엣』 등 널리 알려진 고전 속 주인공들이 등장하는 재미있는 스토리텔링 동화로 이해하기 어려운 수학 문제들도 다시 살펴보게 하여 여러분을 신비한 수학의 세계로 안내할 것입니다. 호기심, 상상, 문제 해결 등이 어우러지는 〈초등 5·6학년 수학동화〉 시리즈 속 주인공들의 모습은 바로 수학의 모습과 같습니다. 당장의 결과에 연연하지 말고, 아이들이 여유를 가지고 수학을 만나게 하면 어떨까요? 아이들이 수학을 즐거워하면 더 바랄 것이 없겠으나, 수학을 싫어하거나 포기하지 않는다면 성공이 아닐까요? 이를 위해 아이들이 수학을 의식하지 않고 '스토리텔링'을 통해 수학을 편하게 만나게 하는 것은 해 봄직한 시도라고 생각합니다. 이 책이 바로 그러한 시도를 합니다.

〈초등 5·6학년 수학동화〉 시리즈 속 주인공들의 다음 여행을 기다리며, 자녀와 학부모에게 수학적으로 소통할 수 있는 가교의 역할을 하길 기대하면서 이 책을 추천합니다.

신현용
한국교원대학교 수학교육과 명예교수
2012년 ICME(국제수학교육대회) 조직위원장

작가의 말

　우리는 지금까지 수학을 너무 재미없고, 어렵게 배워 왔어요. 그래서인지 수학이라는 말만 들어도 머리가 지끈지끈하고 아파 오는 것 같아요. 그런데 수학은 정말 중요한 과목이라는 것을 나이가 들어 취직을 하거나 사업을 하게 되면 더욱더 느끼게 된답니다.

　특히 어느 직업이나 마찬가지겠지만 연륜이 쌓이고 승진을 하게 되면 점점 더 조직과 회사를 책임지는 자리에 앉게 되고, 경영에 가까워지게 됩니다. 경영이라는 것은 조직과 회사 살림을 잘 꾸려 간다는 의미로 집에 비유하면 수입과 지출을 잘 관리하는 걸 말하죠. 그때 수학을 모르게 되면 조직도 회사도 어려워지게 됩니다. 수입보다 비용을 많이 써서 맨날 적자에 허덕이게 될지도 모르고, 자칫하다가 회사가 망해 일자리를 잃어버리게 될지도 모릅니다. 그러면 가정도 어려워지게 됩니다.

　그러나 뒤늦게 깨달으면 이미 때가 늦습니다. 다시 수학 공부를 할 수도 없고요. 엄마, 아빠들이 맨날 수학을 강조하는 이유를 이제는 알겠죠? 수학은 미래를 위해서 꼭 공부해야 한다는 것을 명심하세요.

　그런데 요즘에도 수학을 어렵게 가르치고 공부하더라고요. 아직 많은 사람들이 수학을 재미있게 가르치는 방법을 잘 모르는 것 같습니다. 그래서 이번에 수학을 이야기로 풀어서 재미있고 친숙하게 만들어 볼까 합니다.

이 책은 어린이 독자들에게 익숙한 고전 속에서 수학이 어떻게 활용되는지 풀어서 독자 여러분이 재미있게 수학을 공부할 수 있도록 했습니다.

체어먼 기숙학교는 부유한 자제들이 다니는 뉴질랜드의 명문 학교입니다. 이번 여름방학에는 특별히 각 학년에서 뽑은 15명으로 꾸려진 팀을 만들어 6주간 항해 여행을 할 계획입니다. 맥컬린 교장 선생님은 원래 수학을 전공하셔서 수학에 대한 남다른 애정을 가진 분으로, 이번 여행 지원자를 뽑기 위한 방법으로 수학 문제를 내기로 결정했습니다. 그런데 이렇게 해서 뽑힌 15명의 학생들은 예기치 않은 사건을 만나 표류하게 되고, 그로 인한 어려움과 고난을 수학을 활용해서 헤쳐 나간다는 이야기입니다.

말만 들어도 흥미진진하죠? 이런 식으로 흥미진진한 이야기를 통해 수학을 익히게 되면 수학이 점점 재미있어집니다. 그리고 수학이 실생활에서 어떻게 쓰이는지를 알게 되면서, 수학이라는 과목이 점점 친구처럼 가깝게 여겨지게 될 것입니다.

아무쪼록 이 책을 통해 어린이 여러분이 점점 수학과 친해져 좋은 친구가 되기를 기원합니다.

수학 교과서에 맞는 활용법

2012년 1월 교육과학기술부는 사고력과 창의력을 키우고, 수학에 대한 흥미와 긍정적 인식을 높이기 위한 〈수학교육 선진화 방안〉을 발표했습니다. 이 수학교육 선진화 방안의 일환으로 '스토리텔링 수학'이 도입되고 2013년부터 2015년까지 순차적으로 초등학교와 중학교 교과서가 개정되었습니다. 한편 2022년 개정 수학교과 과정에서는 수와 연산, 변화와 관계, 도형과 측정, 자료와 가능성 등 4개 영역으로 통합하였습니다. 이는 초등과 중등의 연계성 강화입니다. 이 시리즈는 교과 과정 변화에도 공통적으로 성취해야 할 수학 학습 내용이 모두 들어 있습니다. 또한 여전히 개정 수학교과의 단원 시작은 스토리텔링을 통해 학생들의 호기심과 흥미를 유발합니다.

스토리텔링 수학의 핵심은 수학을 단순히 연산능력이나 공식 암기로 생각하지 않도록 이야기를 활용해 쉽고 재미있게 배운다는 것입니다. 학생들에게 실생활이나 동화의 익숙한 상황을 제시해 수학에 대해 호기심과 흥미를 유발할 뿐 아니라, 더 나아가 수학에 대한 인식을 개선하고 스스로 학습하는 동기를 부여합니다. 예를 들어 수학을 실생활에서 이야기나 과학, 음악, 미술 등의 연계 과목과 함께 접목해 설명하면서 개념을 보다 쉽게 이해하게 하는 학습법입니다.

습니다. "각도 측정은 일상생활과 밀접하게 연결돼 있다. 피겨스케이팅 선수가 액셀 점프를 뛸 때 스스로 자신의 적정 점프 각도를 계산할 수 있다."라고 적혀 있습니다. 피겨 스케이팅의 액셀 점프를 응용해 각도를 배워야 하는 이유를 설명하고 그 뒤에는 트리플 액셀의 각도를 풀어내는 문제를 출제하는 것입니다.

그럼 스토리텔링 수학은 어떻게 준비해야 할까요? 전문가들은 일상에서 수학적 요소를 파악하는 것에 재미를 느낄 수 있도록 체험 활동과 독서 활동을 추천합니다. 〈초등 5·6학년 수학동화〉 시리즈는 이러한 수학교육의 변화에 맞춘 학습 동화입니다. 아이들에게 익숙한 고전 속 주인공들의 이야기를 따라가다 보면 자연스럽게 학습 내용을 익히도록 구성되었고, 한 장이 끝날 때마다 앞에서 배운 내용들을 정리할 수 있습니다. 책 속 부록인 '미술에서 수학 읽기', '생활에서 수학 읽기', '예술에서 수학 읽기' 등은 생활 연계 통합 교과형 수학에 부합하도록 구성되어 있습니다.

〈초등 5·6학년 수학동화〉 시리즈는 수학을 좀 더 재미있고 쉽게 배울 수 있는 최적의 수학동화 시리즈입니다. 고전 속 주인공들과 함께 신나는 모험을 떠나 보세요. 그러면 자신도 모르는 사이에 수학 개념과 문제 해결 방법을 깨닫고 수학에 흥미를 가지게 될 것입니다.

편집부

친구들을 소개할게요

고든

체어먼 기숙학교의 5학년생으로 15명의 소년들 중에서 유일한 미국인 출신이에요. 꼼꼼한 성격에 관찰력이 뛰어나며 생각과 배려심이 깊고 리더십이 강하지요. 그래서인지 아이들로부터 인정을 많이 받아요. 앙숙 관계인 브리앙과 도니펀이 싸울 때마다 중재를 하는 역할이지요.

브리앙

체어먼 기숙학교의 5학년생으로 머리가 좋지만 공부를 안 해서 꼴지를 도맡아 하지요. 그런데 한번 작정하고 공부하면 1등을 하곤 한답니다. 성격이 대범하고 적극적이며 친구들에게 친절해 인기가 많아요.

차례

추천의 글 · 4
작가의 말 · 6
수학 교과서에 맞는 활용법 · 8
친구들을 소개할게요 · 10

이야기 1 특별한 여행을 위한 참가자 선발 대회 · 14
생활에서 수학 읽기 · 28

이야기 2 유령 선장과의 운명적 만남 · 30
생활에서 수학 읽기 · 46

이야기 3 유령 선장의 수학 문제를 풀어라 • **48**
생활에서 수학 읽기 • **70**

이야기 4 15소년의 겨울 준비 • **72**
생활에서 수학 읽기 • **92**

이야기 5 에라토스테네스의 체 • **96**
생활에서 수학 읽기 • **128**

이야기 6 유령 선장의 마지막 문제 • **132**
생활에서 수학 읽기 • **156**

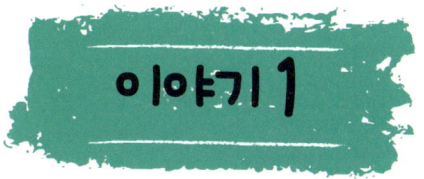

특별한 여행을 위한
참가자 선발 대회

📖 약수와 배수
약분과 통분

    이곳은 뉴질랜드 오클랜드. '체어먼 기숙학교'는 부유한 자제들이 다니는 오클랜드의 명성 있는 학교예요. 오클랜드는 뉴질랜드 북쪽 섬에 있는 항구 도시로, 수도가 웰링턴으로 옮겨지기 전까지 뉴질랜드의 수도였어요.

    체어먼 기숙학교의 학생들은 약 100명 정도로, 대부분 상류층 집안의 자제로 구성되어 있어요. 체어먼 기숙학교는 학생들을 위한 다양한 체험 프로그램이 많기로 유명하지요. 이번 여름방학에는 특별히 각 학년에서 뽑힌 15명으로 꾸려진 팀을 만들어 6주간 뉴질랜드 해안을 도는 크루즈 여행을 하는 프로그램을 진행할 예정이에요. 그런데 이번 여행에 지원한 아이들이 너무 많아서 학교에서는 특별하고 공정한 방법으로 이들을 선발하기로 했답니다.

    체어먼 기숙학교 터줏대감인 맥컬린 교장 선생님은 원래 수학을 전

체어먼 여름방학 크루즈 여행팀 선발 과제

 체어먼 기숙학교는 모험과 여행을 통해 진취적이고 용기 있는 학생을 양성하기 위해 이번에 크루즈 여행을 계획하게 되었습니다. 지원자가 많아서 독창적이고 공정한 선발 방법으로 아래의 수학 문제를 통과한 학생에 한해서 간단한 체력 테스트를 통해 최종 정예 인원을 뽑을 예정입니다.

체어먼 교장 맥컬린

☞ 수학 문제
크루즈 여행을 떠나기 위해 짐을 배가 있는 항구까지 옮겨야 합니다. 짐은 모두 트렁크 12개, 박스 8상자이며, 이 짐을 옮길 차는 4대입니다. 4대의 차에 박스와 트렁크를 똑같은 수로 실으려고 합니다. 약수의 개념을 이용해 각각 몇 개씩 실으면 될지 자세하게 서술하세요.

공해 수학에 대한 남다른 애정을 갖고 계셨어요. 그래서 이번 여행 지원자를 뽑기 위한 방법으로 수학 문제를 내기로 결정했지요. 정말 기발한 아이디어라고 생각한 맥컬린 교장 선생님이 얼굴에 만족스런 표정을 흠뻑 지은 것도 그 때문이었어요.

학교 게시판에 참가자를 가리기 위한 수학 문제를 공지하자 아이들

이 게시판 주위로 몰려들었어요. 하지만 수학 문제인 것을 알고는 이내 실망하고 대부분 자리를 떠났어요. 어디서나 수학을 싫어하는 것은 아이들의 공통분모였지요.

하지만 이번 여행에 관심이 있는 아이들은 문제에 필사적으로 매달렸어요. '하늘은 스스로 돕는 자를 돕는 법'. 기회는 남들이 싫어하고 기피하는 곳에 있기 마련이에요.

5학년인 고든은 같은 학년인 브리앙에게 크루즈 여행팀 선발 과제

에 참여할 것인지 물었어요. 고든은 미국 출신으로 성격이 침착한 편이었어요. 사물에 대한 관찰력이 뛰어난 데다 진지하고 꼼꼼한 성격 덕분에 많은 친구들이 믿고 따랐지요. 고든은 사실 부모님을 일찍 여의었어요. 가난한 고아였지만 친척이 돌봐 줘서 뉴질랜드로 오게 되었고, 체어먼 기숙학교에도 다닐 수 있게 되었지요.

"브리앙, 어차피 방학 때 할 것도 없는데 크루즈 여행 어때?"

잘생긴 외모에 또래보다 의젓해 보이는 브리앙은 손을 턱에 괴더니 눈빛을 반짝이며 말했어요.

"음……. 좋아! 이번 방학엔 선원이 돼 보겠어."

프랑스 출신인 브리앙은 아버지가 뉴질랜드 북섬에서 하는 간척 공사에 감독으로 오게 되면서 아버지를 따라 뉴질랜드로 오게 되었어요. 브리앙은 머리가 아주 좋았지만 공부를 게을리해서 꼴찌를 도맡아 하곤 했어요. 그런데 워낙 머리가 좋아서 맘 잡고 공부를 하면 금세 1등을 하기도 해서 아이들을 깜짝 놀래키기도 했지요. 또한 대범하고 적극적인 성격인 데다 모두에게 친절하기까지 해서 아이들 사이에서 인기가 많았어요.

"근데 수학 문제를 풀어야만 자격이 주어져."

고든이 문제를 훑어보더니 다소 힘이 빠진 말투로 말했어요. 그러자 평소 시험엔 꼴등을 도맡아 하지만 마음만 먹으면 1등도 거뜬히 해 낼 수 있다고 자신하는 브리앙은 문제를 쭉 훑더니 턱에 괸 손을 떼면서 말했지요.

"이 정도면 누워서 떡 먹기야. 오늘 안으로 풀 수 있겠는걸."

그때, 다른 한 무리의 아이들이 게시판 쪽으로 다가왔어요. 바로 브리앙과 같은 학년인 도니펀 무리들이었지요. 도니펀은 영국 출신으로 유복한 지주 집 아들이었어요. 사실 체어먼 기숙학교 학생들 중 프랑스 출신인 브리앙과 자크 형제, 미국인인 고든을 제외하면 나머지 아이들은 모두 영국인이었어요. 도니펀은 머리가 좋고 공부도 열심히 했지요. 또 누구에게도 지기 싫어하는 성격 탓에 늘 남보다 위에 서서 친구들을 지배하려 들었어요. 특히 가끔 자신을 제치고 1등을 하는 브리앙에 대해서는 경쟁심이 불타올랐지요.

"그 문제 이제 보는 거냐? 우린 벌써 끝냈다고."

"헤헤, 생각보다 어려울걸. 우리랑 같이 갈 생각 꿈도 꾸지 마."

도니펀 무리가 말했어요.

"길고 짧은 건 대 봐야 아는 거라고."

고든이 되받아쳤지요.

"후후~ 내일까지니까 열심히들 해 보라고."

도니펀이 비꼬면서 무리를 이끌고 가 버렸어요.

"가능할까? 브리앙. 난 정말이지 수학은 젬병이라니까."

"걱정 마. 같이 내 방으로 가서 풀어 보자."

브리앙은 기숙사 방에 도착하자 동생 자크도 같이 불러 모았어요.

"잘 봐. 이건 약수를 알면 쉽게 풀 수 있는 문제라고."

"약수? 숫자 중에서도 약삭빠른 숫자인가~ 킄킄킄."

자크가 웃으며 말했어요.

"그렇지. 말 되네. 약삭빠른 수. 약수란 어떤 수를 약삭빠르게 나누어떨어지게 하는 수를 말해. 8의 약수는 1, 2, 4, 8이야."

"왜 그딴 어려운 걸 자꾸 만들어 내는 거야?"

자크가 투덜대며 말했어요.

"8의 약수는 8이라는 숫자를 나머지가 없이 나눌 수 있는 수를 말하는 거구나."

고든이 알았다는 듯이 말했어요.

"좀 더 쉽게 설명해 볼게. 네가 좋아하는 애플파이를 접시에 어떻게 담을지 생각해 보는 거야. 애플파이 4개를 각각 하나씩 접시에 담으려면 접시 4개가 필요해. 애플파이를 2개씩 담으려면 접시 2개가 필요하고 4개 다 한꺼번에 담으려면 접시 하나면 되지. 하지만 접시 3개에 나눠 담으면 애플파이를 1, 1, 2개로 담게 되고 똑같이 나눠 담을 수 없게 돼. 마찬가지로 접시 5개에 담으면 접시 한 개엔 아무것도 담을 수 없게 되는 거지."

자크의 형인 브리앙이 쉽게 설명해 주었어요.

"그러니까 애플파이 4개를 똑같이 공평하게 나눠 담으려면, 결국 필요한 접시는 1개, 2개, 4개만 가능한 거구나."

그제야 알았다는 듯이 자크가 환한 얼굴로 대답했어요.

"오~ 빠른데. 맞아. 4의 약수는 1, 2, 4가 돼."

고든이 말했어요.

"그럼, 우리가 해결해야 할 크루즈 여행을 위한 수학 퀴즈는 쉽게 풀 수 있을 듯한데……. 트렁크 가방이 모두 12개라고 했으니 12의 약수가 뭔지 알고, 박스가 8개니까 8의 약수도 알아내면 거의 다 맞힌 거나 마찬가지야."

브리앙이 말했어요.

"12로 나누어떨어지게 하는 수는 1, 2, 3, 4, 6, 12야."

고든이 종이에 끄적이더니 이내 답했어요.

"그럼 8의 약수는 자크가 말해 봐."

"애플파이 8개를 접시에 담으면…… 접시 1개에 다 담거나, 2개…… 그리고……."

자크가 허공에 눈을 굴리며 열심히 말했어요.

"접시 8개에 하나씩 담아도 되니까 8! 그러면 8의 약수는 1, 2, 8."

"4개의 접시에 2개씩 담을 수 있으니까 4도 8의 약수야."

고든이 자크가 빠트린 숫자까지 알려 주었어요.

"더 쉽게 약수를 구하는 방법은 없어?"

자크가 투덜대자 고든이 말해 주었어요.

"곱해서 8이 되는 숫자들을 모두 구하면 쉽게 약수를 구할 수 있어. 2단부터 차근차근 말이야."

"그러면 12의 약수는 1, 2, 3, 4, 6, 12이고 8의 약수는 1, 2, 4, 8이야. 그러면 차 4대에 어떻게 실으면 될까? 그건 바로 두 수 8과 12의 약수들 중에서 공통된 수를 찾으면 돼. 이 두 수의 공통된 약수를 공약수라고 부르지."

브리앙이 덧붙여 말해 주었어요.

"정말? 그렇게 쉬워?"

유령 선장의 친절한 개념 설명

약수와 공약수

사람들이 각기 다른 성격을 가지고 있듯이 우리들이 흔히 쓰는 수도 모두 다양한 성질을 가지고 있어. 약수는 어떤 수를 나누었을 때 나머지가 0이 되게 하는 수들만을 묶은 것이지. 나머지가 0이 아닌 수에는 아무 이름도 붙이지 않았어. 왜 나머지가 0이 되는 수들만 그렇게 묶은 거냐고? 아주 쓸모가 많거든~ 수 안에 다른 수들을 품고 있으니 말이지.

자, 이제 공약수에 관해 설명해 주지. 공약수에서 '공'은 '공통된~'이란 뜻이야. 두 수의 공통된 약수를 구하는 거지. 8의 약수와 12의 약수를 구한 표를 봐.

8의 약수	1	2	4	8		
12의 약수	1	2	3	4	6	12

구해 놓은 두 수의 약수에서 공통적으로 들어간 수는 바로, 1, 2, 4야. 그러므로 8과 12의 공약수는 바로 1, 2, 4가 되는 거란다. 너무 쉬워서 누워서 떡 먹기지? 코 파면서 배를 운전하는 거지 뭐.

* **약수**란 어떤 수를 나누었을 때 나누어떨어지게 하는 수를 말해요.
* **공약수**란 어떤 두 수의 공통된 약수를 말한답니다.

자크가 뛸 듯이 기뻐하며 말했어요.

"오호~ 그럼 공통된 수, 즉 공약수는 1, 2, 4가 되는데, 차에 어떻게 실으면 된다는 거지?"

"차 1대에 모두 싣거나, 차 2대에 나눠 싣거나, 차 4대에 실을 수 있다는 거지. 수학 퀴즈에서는 차 4대에 실어야 된다고 했으니까, 바로 차 4대에 똑같이 나눠 실을 수 있는 거지."

브리앙이 말했어요.

"알아냈어! 차 4대에 똑같이 실으려면 트렁크 3개씩, 박스 2개씩 실으면 돼. 정답을 맞혔어!"

고든이 말하자 자크가 폴짝폴짝 뛰며 좋아했어요.

"야호! 드디어 우리도 크루즈 여행을 갈 수 있어."

브리앙의 영특한 내용 정리

약수와 공약수

약수란 어떤 수를 나누었을 때 나누어떨어지게 하는 수를 말해.
공약수란 어떤 두 수의 공통된 약수를 말하지.

약수 구하는 방법 I

이번엔 약수 구하는 방법을 알려 줄게. 아주 쉬워.
곱셈으로 찾는 거지. 구구단 말이야. 구구단을 외자~ 구구단을 외자~
1은 모든 수의 약수지. 어떤 수라도 1로 나누면 나머지는 모두 '0'이 돼. 또 한 가지, 어떤 수에 똑같이 그 수를 나누면 나머지는 항상 0이 되지. 그러면 구하고자 하는 수의 약수는 항상 1과 그 자신을 포함한다는 걸 알 수 있어.
4의 약수를 구한다고 치면, 1과 4는 항상 포함하는 거지. 24의 약수를 예로 들면, 일단 1과 24를 생각하고 그사이에 약수들을 곱으로 생각해 보면 돼.

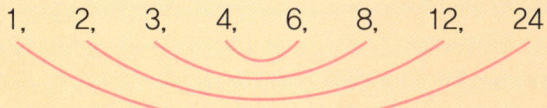

그러면, 여기에서 1과 24 사이에 곱해서 24가 되는 수들을 생각해서 채워 넣으면 돼. 어때, 약수 구하는 거 어렵지 않지?

생활에서 수학 읽기

'소인수분해'를 이용한 암호 만들기

암호는 그리스어로 '비밀'이란 뜻에서 유래된 말이에요. 아주 오래전 고대부터 지금까지 암호는 우리 생활과 밀접한 관계를 맺고 있죠.

고대에 암호가 사용된 예로, 노예의 민머리에 문신으로 비밀 글을 새겼대요. 머리가 자라면 비밀 글이 가려지는데, 그때 비밀 글을 공유할 사람에게 보내기도 했다는군요. 최초의 군사적 암호는 그리스 국가 중 하나인 스파르타에서 사용한 것인데, 똑같은 원통을 사용해야만 풀 수 있는 암호였어요.

전쟁에 나가면 본국에 남아 비밀리에 군사 작전을 알릴 때 긴 리본을 원통에 돌돌 말아서 가로로 글을 적은 뒤 전쟁에 나가 있는 군대에 전달하는 방식이죠. 펼치면 아무 뜻도 없지만 동일한 원통에 똑같은 방식으로 돌돌 말면 문장이 완성되어 해독할 수 있었답니다.

또 다른 유명한 암호는 '시저 암호'인데요. 판을 돌려서 원래 알파벳 밑에 진짜 말하고 싶은 문장이 나오게 하는 방식이에요. 그 유명한 "브루투스를 믿지 마라"라는 비밀 글도 이 암호로 전달됐다고 해요.

줄리어스 시저의 조각상

제2차 세계대전 때 독일의 히틀러가 자랑스러워하기까지 한 애니그마라는 암호는 지금의 키보드처럼 생겼는데, 자판을 칠 때 알파벳이 아니라 아예 다른 문자로 암호화되는 방식이었죠. 하지만 영국의 수학자인 앨런 튜링에 의해 해독되면서 노르망디 상륙작전이 성공하게 되고 미국 연합군에게 큰 승리를 안

애니그마

겼답니다.

이렇게 암호는 오랜 역사를 가지고 있고, 현재도 아주 중요하게 사용되고 있다는 사실을 알고 있나요? 우리는 집으로 들어올 때 비밀번호를 눌러야 들어올 수 있고, 이메일도, 은행 업무도, 심지어 핸드폰을 열 때조차 비밀번호가 필요한 시대에 살고 있어요. 그럼 이런 비밀번호는 어떻게 수많은 사람들이 사용해도 될 만큼 암호화되어 있는 걸까요?

RSA 암호 시스템을 만든 라이베스트, 샤미르, 애들먼.

그걸 가능하게 한 획기적인 걸 만든 사람들이 바로 당시 미국 공과대학을 같이 다니며 수학과 컴퓨터를 연구하던 라이베스트, 샤미르, 애들먼 이 세 사람이랍니다. 이들은 소인수분해의 원리를 이용해 획기적인 암호화 시스템을 만들었는데, 이 세 사람의 이름 앞 글자를 따서 RSA 암호 시스템이라고 합니다. 이들은 이 공로로 '튜링상'을 받게 되지요.

자, 우리가 예전에 배운 소인수분해를 잘 떠올려 그 원리를 이해해 봅시다.

예를 들어 어떤 두 소수를 곱한 수 4067351을 이용하여 암호를 만들었다는 걸 공개합니다. 하지만 4067351이 어떤 두 수의 곱인지 그 두 수는 공개하지 않는 방식이 바로 RSA 암호 시스템입니다. 수가 커질수록 두 수를 곱하기는 쉬우나 어떤 두 소수로 이루어졌는지 소인수분해를 해서 알아내는 건 어렵기 때문이에요. 200자리 이상의 소수를 소인수분해하는 데 걸리는 시간은 웬만한 슈퍼 컴퓨터조차 10년 이상, 사람이 직접 알아내는 건 우주의 역사보다 더 긴 시간이 필요할지도 모를 만큼 어렵고 불가능한 일이었지요.

실제 RSA 암호 시스템을 만들 당시 세 사람이 낸 소인수분해 문제

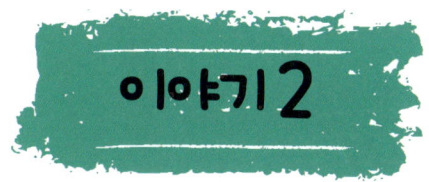

유령 선장과의 운명적 만남

📖 약수와 배수
  소수의 곱셈
  소수의 나눗셈

드디어 크루즈 여행에 최종적으로 5, 6학년 4명, 4학년 4명, 3학년 3명, 2학년 2명, 1학년 1명, 모두 14명이 뽑혔어요. 출항 전날 밤, 14명은 부모님의 열렬한 배웅을 받으며 슬루기호에 올랐어요. 배에 익숙해지기 위해 하루 일찍 승선하는 것이었죠. 운 좋게 슬루기호를 탈 수 있게 된 학생들은 잔뜩 기대에 부풀어 있었어요. 슬루기호는 학부형들이 십시일반 돈을 모아 빌린 배로, 선발된 학생

들은 방학이 시작됨과 동시에 배에 올라 6주 동안 뉴질랜드 해안을 돌며 즐거운 여행을 할 수 있게 된 것이랍니다.

  모코라는 어린 견습 선원 한 명이 14명의 소년들과 그날 밤 함께 하기로 했어요. 나머지 선장과 선원들은 항구 근처에서 쉬고 다음 날 출항할 배에 오를 예정이었지요. 모두들 생전 처음 가 보는 크루즈 여행이라 들떠 있었어요. 하지만 다음 날 출항 후 선장이 크루즈 여행 시 주의사항을 알려 준다고 해서 늦잠을 자지 않기 위해 흥분을 자제하고 일찍 잠자리에 들었지요.

  그런데 단 한 사람, 브리앙의 동생인 자크는 흥분이 좀처럼 가라앉지 않았어요. 침대에서 이리 뒹굴 저리 뒹굴 아무리 잠을 청해도 잠이 오지 않자 몰래 침대칸에서 빠져나왔지요. 이렇게 큰 배가 움직인다는 사실 자체만으로도 믿기지 않을 만큼 신기했고, 자신이 지금 이렇게 큰 배에 타고 있다는 사실도 실감이 나지 않아서 기어이 갑판으로 올라갔답니다.

  갑판은 깜깜한 밤하늘보다 더 검은 바다에 떠 있었지만 큰 배답게 크게 요동치지는 않았어요. 바람이 거칠게 불어 말려진 돛대가 삐걱거리며 내는 소리와 파도 소리가 더해져 미지의 세상으로 한 발 내딛는 느낌이 그제야 실감이 났지요. 바로 그때 객실로 내려가던 중에 문득 문 하나가 눈에 들어왔어요. 낮에는 전혀 눈에 띄지 않았던 그 문에 난 창으로 희미한 불빛이 보였지요. 불빛은 마치 자크를 유혹하듯이 따뜻하고 신비롭게 비쳤어요. 자크는 자신도 모르는 사이에 그 불빛에 이끌려 문손잡이를 잡아당겨 안으로 들어가 보았답니다.

 그곳은 알 수 없는 상자와 짐꾸러미가 차곡차곡 쌓아 올려 있었고 가구라곤 책상 하나와 의자 하나만 있을 뿐이었어요. 램프도 없었지만 책상 아래쪽에서 뭔가 환한 빛이 새어나오고 있어서 자크는 자신도 모르게 책상 아래쪽을 살펴보았지요. 보물 상자처럼 생긴 상자 하나에서 꽤 밝은 빛이 새어나오고 있었어요.

 "뭐야. 상자 안에 램프라도 들어 있는 걸까……. 왜 이렇게 밝은 거지?"

 자크는 일말의 망설임도 없이 상자를 열어젖혔어요. 그러자 자크의 몸을 밀치듯 뭔가가 상자 밖으로 튀어나왔어요. 처음에는 시커먼 연기라고 생각했지만 이내 형상이 뚜렷이 보이기 시작했어요. 그런데 그 시커먼 연기가 점점 사람처럼 변하는 것이 아니겠어요?

 자크 앞에 나타난 것은 후크 선장처럼 외발에 수염이 덕지덕지 난 무서운 인상의 사내였어요.

 "하하하하핫! 조그만 상자에 갇혀 있었더니 온몸의 삭신이 다 쑤시는구먼! 고맙구나, 꼬맹아! 네가 날 꺼내준 거로군. 케케켈!"

 "아, 아저씨는 누, 누구세요?"

 깜짝 놀란 자크는 그만 뒤로 벌러덩 넘어져서 뒷걸음질 치며 말했어요.

"무서워하지 마라. 난 1876년에 바로 이 배의 선장이었단다. 수학을 너무 좋아해서 하루 종일 수학 문제에 골몰한 나머지 배가 좌초되는 줄도 모르고 있다가, 다들 탈출하는데 혼자 이 후미진 방에

서 그만 물귀신이 되고 말았지. 흐흐흐흐~"

"1876년이요?!"

올해가 1926년인데 1876년이면 딱 50년 전. 그럼 앞에 있는 사람은 바로…… 귀…… 귀…….

검은 형체의 사내는 연기처럼 갑자기 자크에게 바짝 다가오더니 말했어요.

"귀신이라니! 요정이나 정령쯤으로 생각하면 된단다. 알겠지? 사실은 말이다. 내가 살아 있는 동안 풀지 못한 수학 문제가 있는데, 그게 안 풀려서 아직 저승으로 떠나지 못하고 있단다."

'그게 귀신이지…….'

자크가 혼잣말로 궁싯거렸어요.

"만일 네가 그 수학 문제를 풀 수 있게 도와준다면 난 자유로운 영혼으로 이 세상을 떠날 수 있단다. 착한 꼬마야. 도와줄 수 있겠니?"

자크는 무서웠지만 이 배에 타는 순간, 뱃사람이 되는 게 꿈일 만큼 한껏 기대에 부풀어 있어서 누구보다 빨리 배에서의 모든 걸 익히고 싶었어요.

"좋, 좋아요. 그 대신 제가 이 큰 배를 움직일 수 있게 해 주세요. 선장처럼 이 큰 배를 혼자 움직이고 싶어요."

"움하하하핫. 분부만 내리십시오~ 선장님."

"그럼 어떻게 하면 될까요?"

"이 배를 오늘 중으로 네 맘대로 움직일 수 있게 해 줄게. 대신 문제를 내서 네가 어느 정도 수학에 재능이 있는지 확인해 봐야겠다."

"네? 수학 문제요?"

"네가 날 불러냈으니, 난 이제부터 네가 배에서 내릴 때까지 너의 충실한 친구가 되어 주마. 그러니 아무 걱정하지 말거라. 배에 관한 한 나보다 똑똑한 사람은 없단다."

"그, 그래도 당신은 귀, 귀신이잖아요."

자크는 수학을 잘하는 형, 브리앙에게서 수학을 배웠기 때문에 웬만한 수학 문제는 자신이 있었어요.

"좋아요. 자신 있어요!"

"오홋! 하하하하핫~ 10년 전에 날 꺼내 준 사람은 수학의 '수'자도 몰라서 내가 열 받아서 다시 상자 안으로 들어가 버렸지. 이번엔 아주 운이 좋은 거야. 그럼 내가 최대공약수 문제를 하나 내지."

'최대공약수? 공약수까지는 브리앙 형에게서 배웠는데……. 최대공약수는 뭐지? '최대'가 붙으니 아마도 공약수의 대장 정도 될 거야.'

자크가 혼잣말로 중얼거렸어요.

"케케케켈~ 넌 정말이지 바보는 아니구나. 머리가 꽤 팽글팽글 돌아가는데? 맞단다. 최대공약수는 공약수 중에서 제일 큰 수를 말하는 거란다."

"앗싸!"

자크가 저도 모르게 좋아서 말했어요.

"자, 그럼 문제를 내 보도록 하마. 워밍업이니까 아주, 아~~주 쉬운 걸 내도록 하마. 잘못하면 내가 다시 상자 속으로 들어갈 수도 있으니……."

"다시 상자 속으로 들어갈 수도 있나요?"

"내가 너무 실망한 나머지 위축되면 다시 어둠의 세력과 비슷해져서 들어갈 수도 있지."

"열 받아서 들어갔다면서요?"

"열 받으면 더 위축되나 봐. 힘…… 힘……."

"그럼 정말, 정말 쉬운 문제로 내 주세요."

신이 난 자크가 말했어요.

"좋아, 4와 6의 최대공약수가 뭔지 말해 보거라."

"4의 약수는 1, 2, 4고……, 6의 약수는 1, 6……."

'맞아, 고든 형이 곱해서 어떤 수가 되면 쉽게 찾을 수 있다고 했어. 곱해서 6이 되는 수가 또 뭐가 있을까? 그래! 2 곱하기 3은 6이야!'

"으으으으~ 뭐야! 6의 약수도 모르는 거냐?"

유령 선장이 못 참겠다는 듯이 큰 소리로 말했어요. 다시 열 받아서 상자에 들어가는 게 아닌가 걱정되는 모양이었지요.

"쳇! 성격도 급하시긴……. 6의 약수는 1, 2, 3, 6이잖아요. 그러니 4와 6의 공약수는 1, 2가 되고요. 따라서 공약수의 대장인 최대

공약수는 바로 2가 되는 거죠."

자크가 의기양양하게 말했어요.

"오홋! 아주 잘했다. 내가 드디어 제대로 된 적임자를 찾은 거로군. 맞아, 정답은 2란다. 자, 그러면 네 소원 하나를 말해 보렴."

"내 소원은 바로 이 큰 배를 움직이는 거예요!"

자크가 격앙돼서 큰 소리로 외쳤어요.

"그거 참 쉬운 소원이구먼. 크헤헤헤헤. 함께 갑판으로 나가자꾸나."

밖으로 나오자 차가운 밤바다의 공기가 확 몰려왔어요. 사방은 고요하고 파도 소리만 들렸지요.

"자, 저기 큰 밧줄 보이지? 저게 바로 부두와 이 배를 묶어 놓은 줄이지. 네가 여기 이 밧줄을 풀면 이 배는 자유롭게 움직이게 될 거야. 부두와는 영영 '바이바이' 하는 거라고."

유령 선장이 밧줄 위를 연기처럼 이리저리 떠 다니면서 말했어요.

자크가 망설이며 멈칫하자 유령 선장은 포악하게 말했지요.

"뭘 망설이는 거야. 사내 녀석이! 이 큰 배가 움직이는 걸 혼자 보게 될 텐데……. 자, 어서!"

자크는 뭔가에 홀린 듯 밧줄을 풀어 버렸어요.

"잘했다! 하하핫! 이제 이 배를 바닷속에 옴짝달싹 못 하게 해 놓은 닻만 해결하면 된다고. 닻은 선원 몇 명이서 달려들어야 겨우 올리는 거라서 너 혼자 끌어올리기엔 무리야. 내가 몇십 년 힘을 조금씩 모아 두었기에 망정이지. 쳇, 아껴 둔 힘을 이런 쓸데없는 곳에 쓰게 될 줄이야. 자, 닻줄을 끌어당기려 하지 말고 아예 풀어서 바다로 던져 버리면 된다고. 흐흐흐."

유령 선장은 닻을 내려놓은 줄을 마술의 힘으로 풀기 시작하더니 이내 마지막 묶인 끈을 바닷속으로 던져 버렸어요.

"그럼 나중에 다시 정박할 땐 어떻게 해요? 닻이 없으면······."

자크가 걱정스레 물었어요.

"걱정 마! 바닷사람은 말이다. 앞으로 어떻게 될지 그런 걱정은 하는 게 아니란 말이지. 푸겔겔겔."

유령 선장이 호기롭게 웃더니 자크를 돌아보며 말했어요.

"헉, 힘을 너무 많이 써 버렸는걸. 자, 이제 네가 그토록 하고 싶어 했던 일만 남았구나. 이 큰 배를 움직이고 싶다고 했지?"

"네, 맞아요! 이 배를 움직여 보는 게 제 소원인걸요."

"어딜 감히! 선장과 제1선원만이 만질 수 있는 게 키라고."

갑자기 유령 선장은 불같이 화를 내면서 자크의 얼굴 가까이로 무서운 얼굴을 쑥 들이밀었어요.

"뭐 하시는 거예요! 제가 하고 싶은 게 그거란 말예요!"

"흐하하하하! 난 너의 그런 솔직한 점이 맘에 드는구나. 좋아! 조

유령선장의 친절한 개념설명

최대공약수

최대공약수는 두 수의 공통된 약수를 구한 뒤 그놈들 중 가장 큰 수 하나만 콕 찍어서 구하면 돼. 예를 들어 4의 약수는 1, 2, 4이고 8의 약수는 1, 2, 4, 8이지. 그럼 공약수는? 1, 2, 4! 그렇지~ 공약수 1, 2, 4 중에서 가장 큰 수는 바로 '4', 그러므로 최대공약수는 '4'. 엄청 쉽지 않니? 그렇지만 말이야! 4와 8같이 간단한 수는 쉽게 최대공약수를 구할 수 있지만 큰 수의 최대공약수는 어떻게 구할 수 있냐~ 이 말씀이지.

지금부터 '소인수분해'라는 걸 가르쳐 줄 거야. 헉! 이제까지 명칭 덕을 좀 봤는데 갑자기 소인수분해! 뭔가 대단히 어려울 것만 같지 않니? 하하하하~ 겁먹지 말아라, 얘들아. 요것도 아주 쉬울 뿐 아니라 수학을 계속하려면 반드시 알아 놓아야 하는 거지. 소인수분해를 하려면 수의 성질 중 제일 중요한 것 중 하나인 '소수'에 대해 알아야만 해. 소수란 1과 자기 자신 이외에 다른 약수를 가지지 않는 수를 말하지. 일단 1부터 10 사이의 소수엔 뭐가 있는지 알아보도록 하자. 약수가 없는 수를 찾으면 돼!

1, 2, 3, 4, 5, 6, 7, 8, 9

1은 모든 수의 약수니까 제외, 2의 약수는 1과 그 자신인 2뿐이지. 그러니 2는 소수가 되는 거야. 3 역시 1과 그 자신만 약수를 가지므로 소수, 4는 1, 2, 4로 1과 그 자신 외에 2를 약수로 가지므로 소수가 아니야. 이런 식으로 약수가 1과 그 자신뿐인 수를 찾으면 2, 3, 5, 7 등이 소수가 되는 거야. 어때? 쉽지 않니?

* **최대공약수**란 두 수의 공통된 약수 중 가장 큰 수를 말해요.
* **소인수분해**란 소수들의 묶음으로 나타낸 거예요.

타실로 가 보자꾸나."

유령 선장과 자크가 조타실로 들어가자 거기엔 배를 움직일 수 있는 장치들이 있었고 책상 위엔 지도가 넓게 펼쳐 있었어요.

"자, 키는 말이야. 오른손은 이렇게 잡고 왼손으론 작고 미세한 부분을 조절하는 거야. 한 번 움직여 보라고."

그날 밤 자크는 마치 선장이 된 것처럼 호기롭게 키를 이리저리 움직여 보느라 시간 가는 줄 몰랐어요. 그리고 어느 순간 너무 피곤해진 몸을 이끌고 어떻게 침실로 내려갔는지 모르게 잠자리에 들었지요. 자크는 이 모든 게 재미있는 꿈일 거라고 생각하며 깊은 잠 속으로 빠져들었어요.

2월 15일 출항할 예정이었던 슬루기호는 항구에서 바다 쪽으로 꽤 떨어진 부두에 묶여 있었어요. 막내 선원 모코를 포함해 15명의 소년들은 전날 저녁에 미리 배에 올라 있었지요. 선장은 출항 시간에 맞춰 배에 오르기로 되어 있었고, 선원들도 모두 출항 마지막날을 보내기 위해 가족과 함께 있거나 부둣가 술집에 나가 있었어요. 들뜬 마음으로 배에 오른 소년들은 어떤 상황인지도 모르고 모두 깊은 잠에 빠져 있었어요. 그런데 그때 엄청난 일이 일어난 거예요. 슬루기호의 선창에 묶어 둔 밧줄이 풀어진 것이지요. 슬루기호는 바다 한가운데로 떠내려가고 있었어요.

브리앙의 영특한 내용 정리

소인수분해로 최대공약수 구하기

자! 먼저 소인수분해를 해 볼까?
예를 들어 60을 소인수분해하면, 나눗셈을 위한 기호를 뒤집어서 소수가 나올 때까지 곱셈식을 하는 거야. 단, 소수 중 작은 수부터 사용하는 것이 좋아.
60을 소인수분해하면 2×2×3×5, 이렇게 소수만 남을 때까지 계속해서 곱셈식을 해 나가면 돼. 여기서 2는 2번 곱해지므로 2^2로 표현하기도 해. 곱해지는 횟수만큼 숫자 위에 작게 적는데, 이걸 '거듭제곱'이라고 하지. 수학은 어떻게든 더 간단하게 표현하는 게 핵심이거든. 다시 써 보면, $2^2 \times 3 \times 5$도 같은 식이야.

```
2 | 60
2 | 30
3 | 15
    5
```

이제 본격적으로 소인수분해를 이용해 최대공약수를 간단하게 구해 보자고.
45와 60의 최대공약수를 구해 볼까? 45와 60을 함께 소인수분해하면, 앞부분의 두 수 5와 3을 곱한 값이 바로 두 수의 최대공약수가 되는 거지. 어때? 아주 간단하게 두 수의 최대공약수를 구할 수 있지?

```
5 | 45  60
3 |  9  12
     3   4
```

여기서 팁 하나 더! 두 수의 최대공약수의 약수가 바로 두 수의 공약수와 같아.

최대공약수의 약수 = 공약수

45와 60의 최대공약수는 3×5=15였지. 15의 약수를 구하면 1, 3, 5, 15가 되는데,

$\begin{cases} 45\text{의 약수} = 1, 3, 5, 9, 15, 45 \\ 60\text{의 약수} = 1, 2, 3, 4, 5, 6, 10, 12, 15, 20, 30, 60 \end{cases}$

45와 60의 공약수는 1, 3, 5, 15이므로 두 수의 최대공약수인 15의 약수와 똑같게 되는 거야.

> **＊거듭제곱**: 같은 수가 여러 번 곱해질 경우, 그 숫자 위에 곱해지는 횟수를 작게 적는 것을 말해요.

생활에서 수학 읽기

자연에서 찾은 '소수'의 신비

매미의 생애 주기를 보면 여름 한 계절만 살다 죽는 곤충으로 생각하기 쉬운데, 실은 매미는 곤충 중에선 상당히 오래 사는 편입니다.

일제히 약속이나 한 듯이 나타나 맹렬하게 울어 대다가 어느 순간 일제히 사라지는 것까지만 우리 육안으로 보이는 부분이죠. 하지만 땅속에서 유충으로 적어도 5년, 길게는 17년 동안 사는 매미도 있답니다.

모두 신기하게도 '소수'의 주기를 갖는 게 신비한 특징 중 하나입니다.

우리나라에 서식하는 대표적인 매미는 유지매미와 참매미인데 7년 후 성충으로 자라서 나오고, 인천에서 주로 관찰되는 늦털매미는 5년 후에 나오게 되죠.

미국에서는 남부에서 7년, 13년 주기의 매미가 관찰돼요. 중서부 지역에는 무려 17년 주기의 매미가 있는데, 수십 억 마리의 매미 떼가 정말로 어마어마하게 출몰해서 아예 '17년 매미'라고 불린답니다. 어떤가요? 모두 주기가 5, 7, 13, 17년으로 정말 '소수'로만 되어 있지요?

그럼 소수가 아닌 때에도 매미가 나오냐고요? 정확히 '소수'년에 나온다고 합니다. 매미가 소수년에 나오는 이유는 바로 천적을 피해 수많은 매미가 한꺼번에 나오는 인해전술을 써서 번식 기회를 높이기 위해서입니다.

매미의 천적은 새, 도마뱀, 거미, 사마귀, 쥐, 너구리, 족제비 등인데 아무리 천적의 종류와 수가 많아도 이렇게 한꺼번에 약속한 듯 쏟아져 나오면 잡아먹혀도 이 모든

미국에서 관찰되는 '17년 매미'

매미 수십 억 마리가 성충으로 탈피하고 남은 외골격

매미를 한번에 먹을 수는 없으니 땅속에서 오랫동안 견디다 '소수'의 주기로 나올 만한 거죠. 만일 매미의 생애 주기가 소수가 아닌 짝수인 6년이고 천적의 주기가 2 또는 3년이라면, 매미와 천적은 6년마다 만나게 되고 4년 천적과는 12년마다 만나게 됩니다. 그렇지만 매미의 생애 주기가 소수인 7년이라면, 주기가 2년인 천적과는 짝수와는 비교도 안 될 만큼 먼 14년마다 만나게 되고 3년인 천적과도 21년, 4년인 천적과는 28년마다 만나게 되죠. 비교해 보아도 소수가 생애 주기일 때가 짝수일 때보다 훨씬 천적을 더 피할 수 있게 됩니다.

매미의 주기	천적의 주기	매미와 천적이 만나는 주기 (최소공배수)
5년	2년	10년
	3년	15년
	4년	20년
6년	2년	6년
	3년	6년
	4년	12년

매미와 천적의 만남 주기

또 하나 5년 주기인 매미와 7년 주기인 매미는 35년마다 만나게 되고 13년 주기인 매미와 17년 주기인 매미는 221년마다 만나게 되므로, 주기가 다른 동종 간에도 소수가 더 많은 번식 기회를 갖게 됩니다.

미국에서는 우리나라보다 매미를 흔하게 볼 수 없는데, 이는 매미들의 주기가 워낙 길기 때문입니다. 하지만 그 오랜 인고를 견디고 나오는 매미들의 수가 어마어마하기 때문에 웃지 못할 진풍경도 펼쳐진답니다. 일단 정확한 주기로 나오기 때문에 예측 가능해서 미리 방송으로 경고가 나올 정도이며, 한꺼번에 나오는 수십 억 마리의 매미 소리가 어찌나 큰지 그 지역의 음악회가 다음 계절로 연기된다고 합니다. 동물원에서도 새들이나 파충류의 먹이로 미꾸라지나 다른 곤충 대신 널리고 널린 매미를 잡아 준다고 합니다.

그 누구보다 오랜 기다림 끝에 약 2주간만 열정적으로 사랑하기 위해 세상으로 나오는 매미. 이제 매미 소리가 시끄럽다고 투덜댈 게 아니라, 조금은 따뜻한 시선으로 매미를 볼 수 있게 되겠죠?

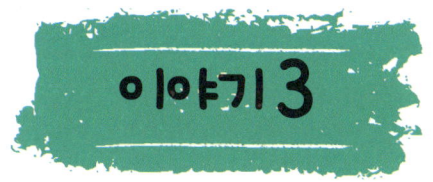

유령 선장의 수학 문제를 풀어라

📖 약수와 배수
약분과 통분

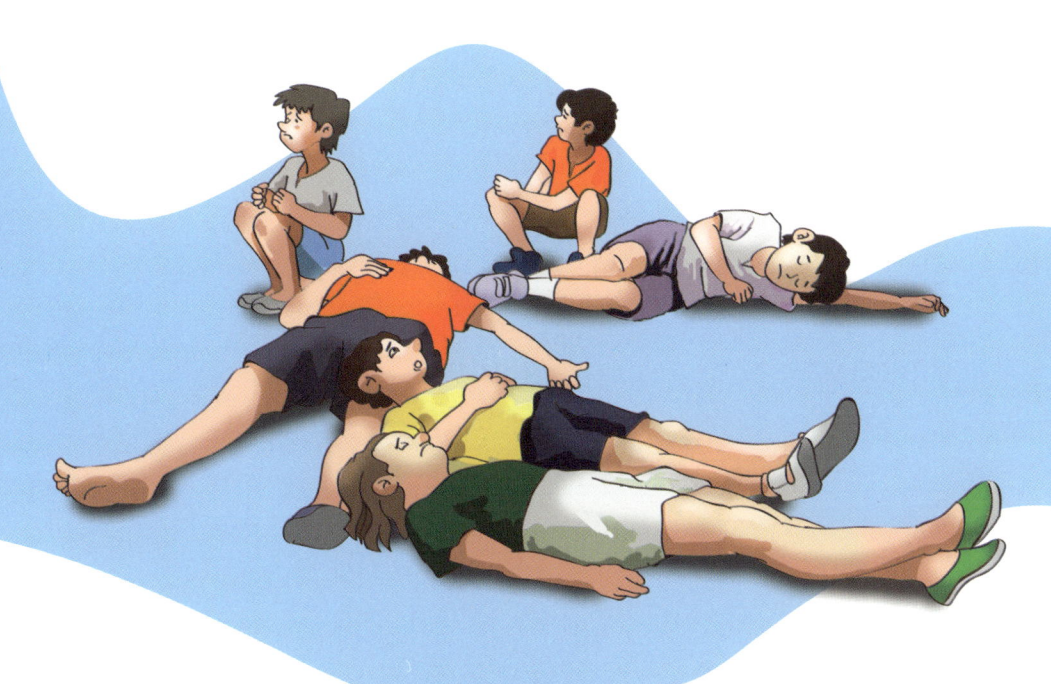

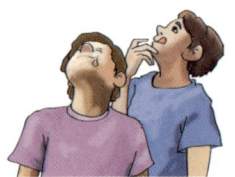

다음 날, 아이들이 깨어났을 때는 모든 것이 달라져 있었어요. 배는 앞으로 가지도, 뒤로 가지도 않은 채 망망대해에 둥둥 떠다니고 있었지요. 아이들은 배 위에서 어찌할 줄 몰라 우왕좌왕하며 소리를 질러 댔어요.

"도와주세요!"

"살려 주세요!"

"헬프 미!"

"SOS!"

몇몇 아이들은 이미 정신적 공황 상태에 있었어요.

"도…… 도대체 우리가 어디에 있는 거야!"

"어젯밤에 무슨 일이 일어난 거야?"

"엄마~ 엄마~"

갑판 위로 뛰어 올라온 소년들은 조난을 알리려고 큰 소리로 외쳤지만 소용없는 일이었어요. 동서남북 사방에 보이는 거라고는 태평양 망망대해뿐이었지요. 아이들의 다급한 목소리는 바람소리에 이내 묻힐 뿐이었어요. 진정 아이들만을 위한 리얼 서바이벌 프로그램이 시작된 것이었지요.

뒤늦게 슬루기호가 떠내려간 걸 알게 된 15소년의 가족들은 배 여러 척을 빌려 주위를 샅샅이 뒤졌지만 발견한 건 슬루기호라는 이름의 간판뿐이었어요. 시간이 지나자 가족들과 주민들은 슬루기호가 바닷속으로 가라앉았을 거라고 생각했고, 아이들을 잃은 부모들의 충격은 슬픔을 지나 비탄에 빠지기 시작했지요.

아이들이 탄 배가 망망대해를 떠돈 지 며칠 후 큰 폭풍이 일었어요. 뉴질랜드에서 7200킬로미터나 떠밀려 온 소년들은 거센 폭풍과 맞서 싸워야 했지요. 아이들은 생전 처음 겪어 보는 괴물 같은 풍랑에 거의 녹초가 되었어요.

천만다행이었을까요? 바다 위를 떠돈 지 20일 만에 드디어 15소년은 낯선 땅에 내리게 되었어요.

"여긴 도대체 어디야? 우린 도대체 어디에 와 있는 걸까?"

배에서 내린 아이들이 주위를 둘러보며 말했어요.

"여긴 혹시 무인도는 아닐까?"

폭풍우에 시달리다가 육지를 만나서 그런지, 모두들 이것만으로

도 다행이라고 생각해 안도하는 기색이 역력했어요. 그동안의 고생과 걱정이 일시에 풀리는지 아이들은 바닷가 모래사장에 대자로 눕기 시작했지요.

　자신 때문에 태평양 한가운데서 폭풍우를 만나 생고생하고 급기야 무인도까지 오게 되자 자크는 더욱 소심하고 말이 없어졌어요. 제일 후미진 곳에 거의 숨다시피 하고 있었지요. 3학년생으로 원래 학교 최고의 장난꾸러기였던 자크는 슬루기호가 표류한 뒤부터는 완전히 우울한 성격으로 변해 버렸어요. 그래도 유령 선장이 들어 있는 상자만큼은 꼭 챙겨서 자신의 물건들과 함께 놓아 두었어요. 아이들은 자크의 그런 행동을 점점 수상하게 여기기 시작했지요.

　소년들은 섬 주변을 이리저리 둘러보며 사람의 흔적을 찾으려 애썼지만 결국 아무 데서도 그 흔적을 찾지 못했어요.

　"여긴 무인도임에 틀림없어. 지금 해가 지고 있는데, 어디서도 연기 한 점 피어오르는 데가 없잖아."

　고든이 먼 곳을 두리번거리며 말했어요.

　"아니야. 우리가 태평양 쪽에 있었다면 여긴 분명 아메리카 대륙의 어느 해안 지점인지도 몰라."

　도니편이 뭔가 확신에 찬 듯 말했지만 말 속에 힘이 실리지는 않았어요.

폭풍으로 슬루기호는 바위에 부딪혀 거의 반 정도 부서져 기울어진 상태였지만, 아직까지는 배에서 그럭저럭 지낼 만했어요.

"배에 남아 있는 음식을 살펴보니 대충 한 달 정도는 버틸 수 있을 것 같아. 그때까지 구조되지 않는다면 먹을 걸 우리 스스로가 마련해야 할 거야."

예비선원 모코가 말했어요. 슬루기호에 타고 있던 수습 선원인 모코는 아직 정식 선원이 아니었지만 항해, 요리, 잡일 등을 척척 해 내는 재주꾼이었죠. 15소년 중에서 브리앙을 제일 좋아해 잘 따랐어요.

낯선 상황에 불안해했던 것도 잠시, 모두들 크루즈 여행을 자진해서 지원해서 그런지 1학년부터 6학년까지 대체로 침착하게 현실을 받아들이고 솔선수범해서 주어진 일들을 척척 해 냈어요. 그러나 언제 구조를 받을지 확신할 수 없었기 때문에, 겉으로는 표현하지 않았지만 모두 불안감에 휩싸여 있었지요.

어느 날 밤, 달빛이 밝게 비추자 모두들 갑판에 모여서 더위를 식히고 있을 때였어요. 자크가 깔고 앉은 상자를 몇몇 3학년 아이들이 궁금해하던 차에 서비스와 가넷이 상자 가까이로 슬금슬금 다가갔지요. 둘은 심심하면 참지 못하는 성격인데, 자크를 오늘의 놀잇감으로 정한 거예요.

"자크, 도대체 그 상자는 뭐지?"

가넷이 물었어요.

"배에 오를 땐 분명 넌 여행가방밖에 없었잖아……. 혹시 이 배에서 주운 거 아냐? 그럼 그건 우리 모두의 것이니까 열어 봐도 되겠지?"

서비스가 도전적으로 말했어요.

"안 돼! 이건 내 거야. 내 상자라고."

자크가 정색을 하며 상자를 끌어안자, 아이들이 상자 주위로 몰려들었어요.

"뭐야, 뭐?"

"뭐야, 그 상자에 도대체 뭐가 들었는데 필사적으로 챙기는 거야?"

4학년생인 웨브와 윌콕스가 도전적인 몸짓으로 상자에 바짝 다가와 물었어요.

"보물이라도 들어 있는 게 분명해."

도니펀의 사촌인 크로스가 아이들을 밀치며 상자 쪽으로 다가와 말했어요.

"흥, 이건 분명 배에 있었던 거니까 우리 모두 모였을 때 열어 봐야 해."

도니펀이 말했어요.

아이들이 거의 강제적으로 자크를 밀치며 상자를 빼앗으려 하자 자크의 형인 브리앙이 나섰어요.

"모두들 그만둬. 내 동생에게서 물러서란 말이야."

화가 난 브리앙이 말하자 모두들 뒤로 물러섰어요.

"자크, 그 안에 든 게 대체 뭔데 그렇게까지 애지중지하는 거야? 모두에게 솔직하게 말해 줄 수 없겠니?"

자크는 잠시 생각에 잠기는 듯하더니 힘겹게 입을 열었어요.

"모두들 내 말을 믿지 않을 거야. 이 상자 안에는 1876년 이 배의 선장이었던 유령이 들어 있다고."

자크는 상자를 앞으로 내밀며 큰 소리로 말했어요. 일순간 아이들이 석고처럼 굳어 버렸어요. 그리고 일순간 '빵' 하고 터졌지요.

"푸하하하하~ 유령이래. 그것도 유령 선장!"

"크하하하~! 아이고 배꼽이야! 거짓말도 좀 정도껏 해."

크로스가 배를 감싸 쥐며 말했어요.

"하하하하! 브리앙, 네 동생이 폭풍우 때 머리를 심하게 다쳤나 본데? 제정신이 아니야."

도니펀이 비웃었어요. 그러자 화가 난 브리앙이 주먹을 쥐며 도니펀을 한 대 칠 태세로 말했어요.

"말조심해, 도니펀. 계속 그런 식으로 말하면 나도 더 이상 참지 않겠어."

고든이 두 사람 사이를 가르며 말렸어요.

"그만해. 어른들도 없는데 우리끼리 서로 싸우고 적이 되어선 안 돼. 이런 때일수록 서로 힘을 모아야지."

바로 그때 상자 옆에 있던 4학년 아이들이 상자를 잘못 건드려서, 그만 상자가 쓰러지면서 뚜껑이 열렸어요. 그리고 연기 같은 무언가가 몽실몽실 상자 속에서 쑥 빠져나오더니 곧 이상한 형체가 되어 큰 소리로 웃음을 터트렸지요.

"음하하하핫, 내가 바로 자크가 말하는 유령 선장, 프레드릭이라고 해."

웃음소리는 곧 비명소리가 되어 이곳저곳에서 울려 퍼졌어요. 겁에 질린 1, 2학년 아이들은 고학년생의 등 뒤로 몸을 숨겼지요. 고학년 아이들도 놀라기는 마찬가지였어요. 특히 자크를 혼내던 도니펀 일행은 바닥에 엎어져서 사시나무 떨듯 떨었지요.

"무서워하지 마. 프레드릭 선장은 나쁜 유령이 아니야. 단지 수학을 좋아해서 수학 문제에 골몰하다가 침몰하던 배와 함께 죽은 불쌍한 선장이라고."

자크가 유령 선장 앞으로 나와서 모두에게 설명해 줬어요.

"흐흐흐흑~ 그렇지, 난 정말 수학을 좋아한단다."

선장은 우는 척을 하며 아이들을 향해 삥 한 번 둘러본 후 다시 자크 곁으로 돌아왔어요.

"너희들, 가만 보니 배가 난파돼서 이 섬에 오게 된 것 같은데 말이야. 좋아~ 내가 내는 수학 문제를 맞히면 이 섬에서 탈출해서 다시 부모님이 있는 곳으로 갈 수 있게 해 주지. 우헤헤헤헤."

　선장의 제안에 무서움에 떨던 아이들이 용기를 내어 하나 둘씩 선장의 주위로 모여들었어요.

"먼저 이 섬이 어디인지 궁금하지 않니?"
"맞아요! 여기가 무인도인지 대륙인지 정말 궁금해요."
고든이 무서움을 완전히 떨쳐 버린 표정으로 물었어요.
"아하하하. 이 섬은 말이야. 내가 소싯적에 자주 드나들던 곳이지. 물도 얻을 수 있고, 고기로 먹을 야생동물도 있는 아주 특별한 곳이거든. 너희들이 많고 많은 섬 중 여기로 온 건 정말이지 큰 행운이란다."

선장의 말에 모두들 눈이 동그래졌어요.

"그러면 여긴 무인도인 거네요. 어떻게 해야 이 무인도에서 탈출할 수 있죠?"

아이들이 질문했어요. 하지만 선장은 호락호락 설명해 줄 태세가 아니었어요.

"우선 너희들의 수준부터 알아야 하니까 말이다. 내가 내는 문제를 하나씩 맞힐 때마다 나도 가르쳐 주지."

"유령 선장님은 수학을 무척이나 좋아하셔. 우리가 문제를 잘 풀면 더 이상 이 상자에 갇혀 있지 않고 하늘나라로 떠날 수 있대."

비밀이 밝혀져서 오히려 홀가분한지 자크가 신이 나서 말했어요.

달빛 아래 모인 아이들은 과연 선장이 어떤 문제를 낼지 궁금해하는 눈빛들이었지요.

"오호호홋, 아주 눈들이 반짝반짝한 게 당장이라도 모든 문제를 풀 자세구먼. 그럼 첫 번째 문제를 내지. 내게는 지도만 모아 둔 상자가 하나 있는데 말이야. 네 자리 숫자의 비밀번호를 알아야 열리거든. 6300을 소인수분해해서 나온 소수가 바로 그 비밀번호야. 이 비밀번호를 맞혀 보도록. 켈켈켈~"

유령 선장이 말했어요.

"뭐야, 난 소인수분해가 뭔지도 모른다고."

도니편 일행 중 한 명인 웨브가 걱정스레 말했어요.

"그걸 맞히면 저희에게 뭘 가르쳐 줄 건가요?"

곧 냉정을 되찾은 브리앙이 물었어요.

"오홋! 예리한데. 음~~ 너희들이 지낼 만한 곳을 알려주지. 여긴 아무도 살지 않는 무인도라고. 구조할 배가 오기 전까지는 여기서 잘 버텨야 될 거야."

"그렇군. 반드시 이 문제를 맞혀서 우리 모두 구조될 때까지 따뜻하고 안전한 곳에 머물도록 하자."

고든이 다짐하며 말했어요.

"내가 밤바다를 한 바퀴 쓰윽~ 돌고 올 때까지 답을 알아 놓도록!"

유령 선장 프레드릭은 브리앙과 고든 앞에 바짝 다가서서 무시무시한 표정을 짓더니, 어느새 밤바다 쪽으로 웃음을 흘리며 사라졌어요.

"형들, 소인수분해가 뭐야? 어떡해? 유령이 오기 전까지 빨리 해결해야 하잖아."

"흠~ 소인수분해란 어떤 수를 소수가 될 때까지 분해하는 것을 말해."

고든이 간단하게 알려 주었어요.

"소수? 소수는 또 뭐야?"

3학년생 가넷이 물었어요.

"소수는 약수가 딱 2개뿐인 자연수를 말해. 쉽게 말해서, 약수가 1과 자신뿐인 수를 말하는 거야."

고든이 다시 한 번 설명해 주었어요. 브리앙은 어느새 바닥에 앉아 계산을 하기 시작했고 고든이 곁에서 틀린 게 없나 확인해 주었지요.

"쳇, 시간이 좀 걸릴 것 같아. 윌콕스, 가지고 다니는 수첩과 펜 좀 줘 봐."

도니펀이 말하자 사촌인 크로스와 윌콕스가 바싹 붙어 계산하는 걸 지켜보았어요. 바로 그때, 유령 선장 프레드릭이 미끄러지듯 빠른 속도로 다가와서는 큰 소리로 웃었어요.

"크하하하! 어때, 답은 나왔겠지?"

아이들이 아직도 바닥에서 서로 의논하면서 일어나지 못하자 유령 선장은 화가 난 목소리로 고함을 치기 시작했어요.

"뭐야. 아직도 답을 못 맞춘 거냐? 너희들 수준이 이것밖에 안 된다니."

바로 그때 브리앙과 고든이 벌떡 일어서며 큰 소리로 말했어요.

"답을 알아냈어요!"

"오홋~ 그으래~ 하하하하하, 답이 뭐지?"

저쪽에 있던 도니펀 일행도 일어났지만 서로 웅성거리며 아직까지 옥신각신하는 분위기였어요.

"우리도 답을 알아냈어요."

도니펀이 마지못해 답하며 선장 곁에 가까이 다가왔어요.

"그래? 좋아. 설명해 봐. 어디 너부터 설명해 보도록."

선장이 도니펀에게 말했어요.

"난 소인수분해할 때 두 수의 곱으로 계속 가지치기하는 방식으로 소수를 구하지."

도니펀이 먼저 설명하기 시작했어요.

"그러면 남는 소수는 3, 3, 7, 2, 5, 2, 5이고 이 소수들로 네 자

유령 선장의 친절한 개념 설명

소수

푸겔겔겔겔~ 소수만큼 매력적인 것도 없단다. 솔직히 말해서 이 소수만 찾는 데 전 생애를 바친 사람도 내가 알기론 몇 명 돼. 미쳤다고? 크하하하~ 그렇게 생각될 수도 있지만 말이다. 너희들이 게임에 빠지듯 수학도 게임과 비슷하게 사람을 중독시키는 뭔가가 있단다. 그게 뭐냐고? 푸하하하하하~ 그건 너희들이 게임하듯 한번 해 보라고~

이 소수 찾기는 말이다. 놀라지 말라고. 지금도 계속되고 있어. 내 생각엔 자연수가 끝없는 무한대이니 소수도 끝이 없을 것 같긴 해. 지금까지 찾은 소수는 너희들이 밥도 먹지 않고 꼬박 그 숫자를 적는 데만 해도 몇 달은 걸릴 거야.

2, 3, 5, 7, 11, 13…… 61, 67, 71, 73, 79, 83, 89, 97…… 37156667…… 57885161……

하지만 1에서 100까지 간단한 자연수의 소수 찾기는 고대 그리스의 에라토스테네스가 발견한 방법으로 쉽게 찾을 수 있단다. 무려 기원전 200년경에 발견한 방법인데 아직까지 에라토스테네스가 발견한 소수 구하는 방법보다 더 좋은 방법이 없는 걸 보면 그 양반이 대단한 수학자인 건 확실하다고. 하하하~

에라토스테네스
(기원전 274~기원전 196)

~~1~~	2	3	~~4~~	5	~~6~~	7	~~8~~	~~9~~	~~10~~
11	~~12~~	13	~~14~~	~~15~~	~~16~~	17	~~18~~	19	~~20~~
~~21~~	~~22~~	23	~~24~~	~~25~~	~~26~~	~~27~~	~~28~~	29	~~30~~
31	~~32~~	~~33~~	~~34~~	~~35~~	~~36~~	37	~~38~~	~~39~~	~~40~~
41	~~42~~	43	~~44~~	~~45~~	~~46~~	47	~~48~~	~~49~~	~~50~~

그럼 '에라토스테네스의 체'로 소수 구하는 방법을 설명할 테니 잘 들어 보렴.
여기서 '체'는 부엌에서 흔히 볼 수 있는 구멍 쑹쑹 뚫린 거르는 망 같은 거야. 자연수에서 소수만 체에 남긴다는 뜻에서 따 온 용어인 거지.
우선, 1에서 50까지의 숫자 중에 소수를 걸러 볼 거야. 흐흐흐~
첫 번째, 1은 소수가 아니므로 지운다.
두 번째, 소수 2는 남기고 2의 배수는 모두 지운다.
세 번째, 소수 3은 남기고 3의 배수는 모두 지운다.
네 번째, 4는 이미 지워졌고 4의 배수는 모두 지운다.
이런 식으로 계속 지워 나가면 남아 있는 수는 '소수'로 걸러지게 된단다.
1~50까지의 자연수에서 소수는 바로 2, 3, 5, 7, 11, 13, 17, 19, 23, 29, 31, 37, 41, 43, 47이 되지. 어때? 신기하고 재밌지 않니? 푸겔겔겔~

* 소수란 1과 자기 자신만을 약수로 갖는 수를 말해요.

리 비밀번호를 만들면…… 3, 7, 2, 5…… 그래! 답은 3. 7. 2. 5!"

도니편이 큰 소리로 말했어요. 다음으로 브리앙이 설명하기 시작했지요.

"난 6300을 소수로만 계속 나누었어. 그러면 $3×3×7×5×5×2×2$가 돼. 이것을 더 간단히 거듭제곱으로 나타내면, $2^2×3^2×5^2×7$이 되지. 바로 네 자리 비밀번호라고 했으니 대표가 되는 소수 2, 3, 5, 7이 바로 상자의 비밀번호가 되는 거야."

```
3 | 6300
3 | 2100
7 |  700
5 |  100
5 |   20
2 |    4
        2
```

두 사람의 설명이 끝나자 유령 선장은 만족한 듯한 미소를 띠며 말했어요.

"헤헤헤헤~ 옳거니, 두 사람 모두 아주 잘 맞혔어. 둘 다 소인수분해는 정확하게 했지만 답은 한 사람만 맞혔지. 바로 브리앙의 2, 3, 5, 7이 정답이야. 푸겔겔겔~ 약속한 대로 동굴로 가는 지도를 너희들에게 내 주마."

"뭐야, 나도 맞춘 건데……. 왜 브리앙만 답이 되는 거죠?"

도니편이 억울하다는 듯이 말했어요.

"헤헤헤헤, 원래 소수는 이런 성격 때문에 옛날부터 암호화로 많이 쓰이고 있지. 하지만 이번에 내가 만든 비밀번호는 자연수의 순서대로 2, 3, 5, 7로 한 것뿐이야. 나도 이제 늙어서 3, 7, 2, 5라든가 3, 5, 7, 2라든가 섞어 놓으면 헷갈리니까. 푸헤헤헤헤~"

유령 선장이 화통하게 웃으며 말했어요.

"뭐라고! 순 엉터리잖아."

도니펀은 씩씩대며 돌아섰어요.

브리앙의 영특한 내용 정리

약수 구하는 법 II

앞에서는 작은 수의 약수 구하는 법을 배웠다면, 이제 소인수분해를 배웠으니 큰 수의 약수 구하는 법을 배워 보자고. 일단 쉽게 이해하기 위해 작은 수를 예로 들어 볼게.

8을 소인수분해하는 건 누워서 떡 먹기지.

$8 = 2^3$, 여기서 2를 8의 '소인수'라고 해. '소인수'라는 말은 '소수로 이뤄진 약수'라는 뜻이야. '소인수'를 이해했으니 소인수로 약수를 구해 보면,

앞에서 배웠듯이 $2 \times 2 \times 2$, 이렇게 숫자가 반복되는 걸 수학에서는 싫어한다고 했지? 간단하게 2를 거듭제곱으로 표현하면 2^3이 되고, 2^3의 약수는 $1, 2, 2^2, 2^3$으로 풀어쓸 수 있어.

맞는지 확인해 보면,

8의 약수 : 1, 2, 4, 8 $2^3 = 1, 2, 2^2(2 \times 2 = 4), 2^3(2 \times 2 \times 2 = 8)$

똑같은 값이 나왔다는 걸 알 수 있어.
공식으로 정리하면,
a^n의 약수는 $1, a, a^2 \cdots\cdots a^n$이 돼.
약수의 개수도 쉽게 구할 수 있어. 바로 '$n+1$'이 된다는 사실을 금방 알 수 있지. 왜냐하면 1은 모든 수의 약수이므로 1을 놓치지 않고 반복되는 소인수의 개수에 더해 주는 원리거든.
어느새 공식이 완성된 거야.
이제 큰 수 72를 소인수분해하면,

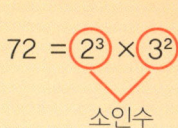

$$72 = 2^3 \times 3^2$$
소인수

```
2 | 72
2 | 36
2 | 18
3 | 9
    3
```

소인수로 약수를 구해 보면,
2^3 = 1, 2, 2^2, 2^3이고, 3^2 = 1, 3, 3^2이 되지. 이렇게 소인수가 서로 다른 경우는 표를 이용해서 쉽게 구할 수 있어.

		2^3의 약수의 개수 ⇨ (3+1)개		
×	1	2	2^2	2^3
1	1	2	2^2	2^3
3	3	3×2	3×2^2	3×2^3
3^2	3^2	3^2×2	3^2×2^2	3^2×2^3

3^2의 약수의 개수 ⇨ (2+1)개

72의 약수는 각 칸의 거듭제곱을 계산하면 쉽게 나오지.
72의 약수의 개수는 더 쉽게 구할 수 있을 거야. 서로의 '거듭제곱+1'개를 곱해 주면 돼.
(3+1)×(2+1)=12. 어때? 72의 약수의 개수가 표에 나온 것과 일치하지? 이 공식을 알면 표를 그릴 필요 없이 약수의 개수를 쉽게 구할 수 있다고.
이제 큰 수의 약수도, 약수의 개수도 쉽게 구할 수 있겠지?

생활에서 수학 읽기

타일 붙이기에 활용되는 '최대공약수'

'최대공약수'는 수학에만 사용되는 것 같지만 실은 우리 일상생활에서 정말 많이 사용되고 있답니다. 일상 용어에서도 간혹 쓰이는데, 예를 들면 반대되는 두 집단에서 가장 좋은 쪽으로 의견이나 결론이 나오면 '서로 최대공약수를 찾는 데 노력했다'고 말하기도 합니다.

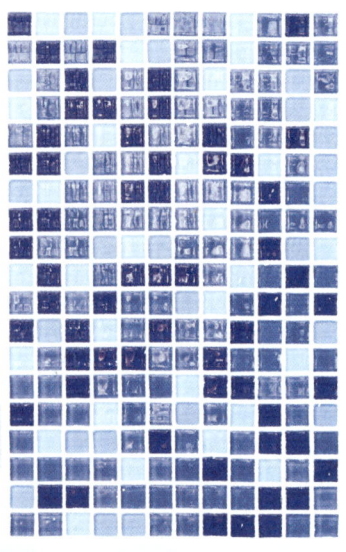

그럼 최대공약수가 일상생활 속에서 수학적으로 어떻게 쓰이는지 알아봐요.

헌 탁자를 하얀색 페인트로 칠한 뒤 예쁜 색깔의 타일을 붙인다고 가정해 볼까요? 가로 세로 길이는 줄자로 재고 이 안에 타일을 빈틈없이 정사각형 타일로 붙이려면 도대체 어느 정도 크기의 타일이 필요하고 총 필요한 타일의 개수는 몇 개일까요?

최대공약수만 알고 있다면 쉽고 정확하게 타일을 구입해서 낭비 없이 실패하지 않고 붙일 수 있답니다. 최대공약수는 두 수가 가지고 있는 공통된 수 중에서 가장 큰 것이기 때문에 빈틈없이 붙이기 위해선 반드시 필요하고, 두 수보다 작아야 하는 성질도 가지고 있어요.

줄자로 타일이 들어가는 부분을 재 보니 가로 60cm, 세로 95cm예요. 두 수를 소인수분해하면, 최대공약수가 5가 되지요. 따라서 정사각형 타일 한 변의 길이는 5cm가 되는데, 필요한 타일의 개수는 가로 60cm에, 가로 5cm가 얼마나 들어가는지 구하는 문제이므로, 60÷5=12. 따라서 탁

$$\begin{array}{c|cc} 5 & 95 & 60 \\ \hline & 19 & 12 \end{array}$$

자의 가로로는 5cm 타일 12개가 필요합니다.
같은 방법으로 세로 타일 개수를 구하면 95÷5=19, 세로는 타일 19개가 필요하므로 탁자에 필요한 가로 5cm, 세로 5cm 타일의 개수는 12×19=228, 228개가 됩니다. 만약 가로, 세로 1cm인 타일을 사용한다고 하면, 95×60=5700이므로 5700개의 타일이 필요하게 되니 타일도 많이 필요하고 노력도 더 많이 필요할 거예요. 두 수의 공약수가 아닌 수, 예를 들어 6cm 타일로 한다면 가로는 딱 맞지만 세로는 모자라게 돼서 완성도 높은 타일 탁자 만들기는 실패하고 말 거예요.
이번엔 여러분이 한 번 풀어 보세요.

가로 36cm, 세로 15cm, 높이 30cm인 큰 직육면체 박스 안에 또 다른 박스 포장된 물건들로 채워서 배달을 가려고 해요. 최대한 빈틈없이 넣어야 하지요. 원래 큰 직육면체와는 달리 작은 박스는 정육면체로 되어 있어요. 한 변의 길이를 얼마로 하면 큰 직육면체 박스 안에 작은 박스들을 빈틈없이 채울 수 있을까요?
이 문제도 세 수 36, 15, 30의 공통된 수라야만 그 안에 빈틈없이 채워질 수 있을 거예요.
따라서 세 수의 최대공약수를 구하면,
3이 바로 세 수의 최대공약수가 되므로 한 변의 길이가 3cm인 정육면체면 돼요.

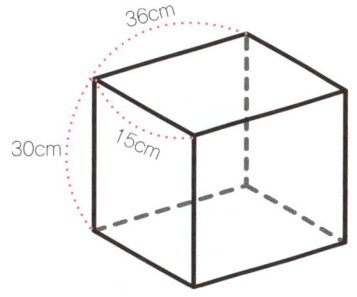

최대공약수는 일상생활 곳곳에서 유용하게 쓰이는 셈법이므로 잘 익혀 두었다가 유용하게 쓰면 좋아요. 주로 여러 사람에게 나눠 주거나 크기를 자르거나 해서 원래의 크기나 개수보다 더 작아지는 유형에 사용한다고 보면 쉽게 이해가 갈 거예요.

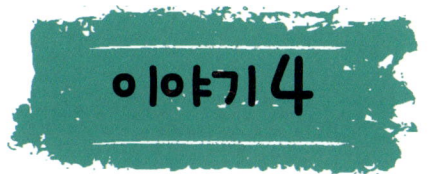

15소년의 겨울 준비

📖 약수와 배수
약분과 통분

　아이들은 계속해서 난파선에 머무를 수가 없었어요. 여기가 어디인지, 사람이 살 만한 곳인지 알아내야 했지요. 다음 날 아이들은 지도와 망원경, 몇 가지 짐들을 챙겨서 섬 안쪽으로 탐사를 하기 위해 들어갔어요. 선발 탐험대가 먼저 나섰지요. 학년이 어리고 겁이 많은 아이들은 일단 배에 남기로 했어요.

　선발 탐험대에 나선 브리앙과 도니펀, 고든과 윌콕스는 가방 안에 나흘 치의 식량과 총 네 자루, 도끼와 간단한 취사 도구 및 성냥 등을 챙겼어요.

　네 소년은 남아 있는 아이들과 악수를 나누고 길을 나섰어요.

　"형, 꼭 돌아와야 해."

　자크가 울먹이며 브리앙의 손을 놓지 않았어요. 브리앙은 동생이 걱정되어서 발길이 떨어지지 않았지요.

"자크, 조금만 참아. 곧 돌아올게."

탐험대가 막 출발하려고 할 때 고든의 개, 판이 졸졸졸 따라왔어요.

"판이 우리가 밖으로 나가니까 놀러가는 줄 아나 봐."

도니펀이 귀찮다는 듯이 말했어요.

순간 고든은 판이 이번 탐험대에 쓸모가 있지 않을까 하는 생각이 들었어요.

"개는 우리 인간보다 후각이 1만 배 이상 발달되어 있다고 하잖아. 이번 탐험대에 판을 데리고 가면 꽤 쓸모가 있겠는데."

고든의 마음을 읽기라도 한 듯 브리앙이 말했어요.

"그래. 내 생각도 마찬가지야. 이번 탐험에 판을 데리고 가자."

숲에는 사람의 흔적이라곤 보이지 않았어요. 원시 그대로의 숲이라 5, 6학년 아이들이 배에서 선원들이 쓰던 긴 막대칼을 이용해 가지를 치면서 전진했지요.

그런데 앞서 가던 판이 보이지 않았어요. 아이들은 판이 걱정이 되어서 큰 소리로 불렀지요.

"판~"

"어디 있어, 판!"

"판, 돌아와!"

바로 그때였어요.

"월! 월! 월!"
판의 울음소리가 들리기 시작했어요. 마치 자기가 있는 곳으로

빨리 오라는 신호 같았지요. 탐험대는 판의 울음소리를 쫓아 발걸음을 재촉했어요.

판은 아이들이 나타나자 제자리에서 빙글빙글 돌더니 자기를 따라오라는 듯 또다시 어디론가 뛰어갔어요. 그리고는 덤불과 관목이 우거진 곳에 멈춰 섰지요.

"뭐지?"

"판이 도대체 무엇을 발견한 거야?"

아이들은 나뭇가지를 헤치며 전진했어요. 그런데 그 앞에 큰 동굴의 입구가 나타났지요.

탐험대는 기쁜 마음에 동굴 입구에서 한참 동안 꼼짝도 하지 않았어요.

고든이 보기에 이곳이라면 아이들이 안전하게 지낼 수 있을 것 같았어요. 그래서 다음 날 아이들을 데리고 동굴을 다시 찾았지요.

"와~ 진짜 큰 동굴이야."

아이들도 환호성을 질렀어요. 동굴은 생각했던 것보다 훨씬 크고 깊었지요. 소년들은 횃불을 밝히고 좁은 입구를 통해 안으로 들어갔어요.

주위를 둘러보던 한 아이가 말했어요.

"우리 15명이 살기에는 너무 좁아."

그러자 여기저기서 볼멘소리가 터져 나오기 시작했어요.

"돼지 우리도 아니고 어떻게 여기서 살아."

"발 뻗고 잘 자리도 없다고."

그러자 고든이 재빨리 대응했어요.

"침대를 차곡차곡 올리면 잠을 잘 수 있는 공간은 나올 거야. 그리고 벽을 파서 방을 하나 더 만들면 지낼 만할 거야. 그보다 우선 내일 당장 음식을 해 먹을 수 있도록 화덕을 들여놓자."

그러나 불평은 줄어들지 않았어요.

"차라리 배 안에서 계속 지내는 게 낫지 않을까. 거기는 공간도 넉넉하고."

그러자 고든이 말했어요.

"배는 거의 부서져서, 곧 추워질 걸 생각하면 여기서 머무는 게 더 좋을 것 같아. 배에 있는 짐을 옮겨 오도록 하자."

꼭 고든이 모든 걸 결정하는 것처럼 보였어요.

"고든이 일방적으로 명령을 내리는 건 옳지 않잖아? 투표를 해서 우리를 이끌 지도자를 뽑도록 하자."

크로스가 제안하자 모두들 나쁘지 않다며 찬성했어요. 먼저 브리앙이 고든을 추천했고, 크로스와 윌콕스는 도니펀을 추천했지요. 크로스는 도니펀의 사촌으로 같은 5학년이었어요. 부유한 지주 집안 출신으로 도니펀의 생각과 말, 행동을 비판 없이 따르는 아이였죠. 윌콕스는 4학년으로 부유한 법조인 집안 출신이었어요. 그래서인지 미국인 출신인 고든이 이래라 저래라 하는 것을 달갑게 여기지 않는 것 같았지요.

선거는 투표를 해서 지도자를 선출하는 방식으로 정했어요. 누가 지도자가 될지 모두들 긴장되는 순간이었어요.

8 대 7, 아슬아슬한 표 차로 고든이 앞으로 15소년을 이끌 지도

자로 뽑히게 되었어요.

"유령 선장 말대로라면 이 섬은 뉴질랜드에서 한참 위쪽이라 겨울이 곧 닥칠지 몰라. 모두 함께 배에 있는 물건을 옮기고 겨울을 날 음식을 새로 장만하자. 옷이나 덮을 이불도 마련해야 할 거야."

고든이 심각하게 말하자 모두들 비장한 얼굴이 되었어요. 한 번도 이런 걱정은 해 보지 않았기 때문이었지요. 그동안 당연히 부모님이 알아서 해 주셨던 것들이라 어떻게 해야 할지 몰라 더욱더 어깨가 무거워졌어요. 소년들은 점점 더 집에 돌아가고픈 생각이 간절해졌어요. '집 나가면 고생'이라는 속담이 이렇게 절절히 느껴질

때가 없었죠.

 동굴에서 지내는 걸로 결정이 나자, 다음 날부터 본격적으로 동굴 생활이 시작되었어요. 먼저 뗏목에서 짐을 내려 동굴로 옮기는 작업부터 시작했지요. 짐을 동굴로 다 옮기는 데는 꼬박 사흘이 걸렸어요.

 백스터와 브리앙, 모코는 굴림대를 사용해서 동굴 입구까지 화덕을 가지고 왔어요. 화덕은 통풍이 잘되는 동굴 입구 벽에 설치했지요. 손재주 좋은 백스터가 동굴 벽에 구멍을 뚫었고, 그 구멍을 통해서 밖으로 연통을 뺐어요. 백스터는 냉정한 성격이었지만 사려 깊고 부지런했어요. 창의력이 뛰어나서 이런저런 도구를 잘 만들어낼 정도로 손재주가 뛰어났지요.

 "정말 근사한걸. 공기가 잘 통하니까 불도 잘 붙고 연기도 금방 빠지는걸."

 마른 풀로 불을 붙여서 화덕이 잘 작동하는지 시험해 본 모코는 무척 흡족해했어요.

 다음으로 모코와 백스터가 동굴 천장에 구멍을 뚫었어요. 구멍을 통해 햇빛과 공기가 들어오자 컴컴하던 동굴이 환하게 밝아졌지요. 난방과 환기가 완벽하게 이뤄지게 된 거예요. 어른들이 해 주는 것이 아니라 처음부터 끝까지 아이들이 직접 만들어낸 것이었어요. 아이들의 표정에도 환한 미소가 묻어났지요.

저녁이 되자 예비선원인 모코가 통조림과 비상식량으로 요리를 해 주어서 아이들은 그나마 배불리 저녁식사를 할 수 있었어요. 그런데 배 안에서 가져온 식량은 점점 바닥이 나기 시작했지요. 한참 먹을 나이인 15명 아이들이 먹는 식사량이 많았기 때문에 식량은 눈에 띄게 줄어들고 있었어요. 고든은 내색은 안 했지만 걱정이 되기 시작했어요. 어떡하든 식량을 자급자족할 수 있는 방법을 찾아야 했지요.

다음 날 고든은 아이들을 몇 조로 나눠서 식량을 구해 오라고 명령했어요.

"우리가 무슨 방법으로 식량을 구해 와?"

"맞아. 한 번도 해 본 적이 없다고."

아이들은 불만에 찬 표정으로 투덜대기 시작했어요. 그러자 고든이 진지한 표정으로 아이들에게 말했어요.

"이대로 가다가는 우리가 가져온 식량이 곧 바닥이 날 거야. 그리고 겨울이 찾아오면 추워서 밖에 나가지도 못해 얼마 못 가서 얼어 죽거나 굶어 죽게 될 거야."

"그래, 그래. 날이 따뜻할 때 부지런히 식량을 찾아보자."

브리앙이 고든을 거들며 분위기를 만들었어요. 아이들은 투덜댔지만 자신의 생사가 달린 문제라 어쩔 수가 없었지요. 아이들은 몇 조로 나뉘어서 식량을 찾아 섬 여기저기를 돌아다녔어요.

해가 질 무렵, 아이들은 다시 동굴로 돌아오기 시작했어요. 아이들 손에는 갖가지 먹을 것이 들려 있었지요. 한 아이는 나무 열매를 가지고 왔고, 어떤 아이는 바닷가에서 조개랑 게를 잡아 왔어요. 또 어떤 아이는 저녁에 불을 피울 나뭇가지를 주워 왔지요. 아이들은 서로의 얼굴을 보며 미소를 지었어요.

그런데 밤이 되면 주위가 칠흙처럼 어두워졌어요. 모닥불을 피워 보았지만 불씨를 꺼트리지 않고 계속 지피는 일이 쉽지가 않았지요. 모닥불은 특히 연기가 많이 나서 아이들은 연신 기침을 해 댔어요.

날이 어두워지자 유령 선장이 홀연히 나타나서 동굴에 옹기종기 모인 아이들 곁으로 왔어요. 밤이 되니까 물 만난 고기처럼 종횡무진 아이들 사이를 헤집고 다녔지요.

"어떠냐~ 꽤 아늑한 곳이지? 내가 수년 전에 여기 와서 말이지, 이 동굴에서 며칠을 묵었거든. 크크크! 아니, 근데 너희들 기껏 통조림으로 저녁을 때운 거냐? 우헤헤헤헤~"

선장의 말에 고든이 말했어요.

"사실 그게 제일 걱정이에요. 남아 있는 통조림과 여기저기 돌아다니면서 구해 오는 식량만 갖고는 버틸 수 없을 텐데……. 어떡해야 할지……."

그러자 선장이 말했어요.

"그게 무슨 걱정이냐. 우헤헤헤."

"뭐라고요? 그럼 먹을 게 어딘가에 많이 있다는 건가요?"

한창 식욕이 왕성

할 때인 5학년생 백스터가 입맛을 다시며 물었어요.

　백스터는 유령 선장을 잘 이용하면 앞으로 식량 걱정은 없을 것 같다는 생각에 꼬치꼬치 캐묻기 시작했어요.

　"그럼, 그럼. 있고말고. 그것도 아주 많~지."

　"그게 도대체 어디 있나요? 네? 가르쳐 주세요."

　항상 허기져 보이던 크로스, 윌콕스도 덩달아 합세했어요.

　"이곳엔 라마의 일종인 비쿠냐가 숲 쪽에 살고 있는데 고기 맛이 아주 일품이란다. 바다 쪽으로는 바다표범이 살고 있는데 그것 역

유령 선장의 친절한 개념 설명

배수

우헤헤헤헤~

배수가 뭐냐면 말이지. 바로 곱하기를 떠올리면 돼. 2의 배수는 2, 4, 6, 8……, 3의 배수는 3, 6, 9, 12……, 4의 배수는 4, 8, 12, 16……, 어때? 어디서 많이 본 것 같지 않니? 바로 구구단! 구구단은 배수를 나타낸 거지. 하지만 구구단은 계산을 쉽게 하기 위해 표준으로 만든 거야. 실제로는 10배, 11배, 20배, 30배, 500배, 1000배, 10000배…… 등 끝이 없지. 즉 배수는 끝없이 커지는 수야. 반대로 배수의 가장 작은 수는 바로 그 자신이지. 크하하하하.

어떤 수의 배수인지 숫자만 척~ 봐도 알 수 있는 방법이 있지.

2의 배수는 누워서 떡 먹기보다 쉽게 알아낼 수 있다고. 일의 자릿수가 짝수이면 무조건 2의 배수가 되는 거야. 크헤헤헤~

5의 배수는 일의 자릿수가 0, 5면 무조건 5의 배수!

4의 배수는 말이야. 끝의 두 자릿수가 4의 배수면 그 수는 4의 배수가 되지. 끝의 두 자릿수를 기억해. 푸헤헤헤헤.

3의 배수? 중요하니까 잘 기억해 두라고. 3의 배수는 각 자릿수를 더해서 그 값이 3의 배수가 나오면 그 수는 3의 배수야. 453을 예로 들어 보면, 4+5+3=12가 되지. 12는 3의 배수니까 바로 453은 3의 배수가 되는 거야. 생각보다 쉽지 않니? 아, 그렇군. 9의 배수도 3의 배수와 똑같은 방법이야. 각 수를 더해서 나온 수가 9의 배수인지 알아보면 끝~.

8의 배수는 4의 배수와 비슷하지만 끝 세 자릿수가 8의 배수면 그 수는 8의 배수가 되는 거야.

이렇게 보면 말이지. 4의 배수이면서 8의 배수도 될 수 있고, 2의 배수이면서 6의 배수가 될 수 있고, 3의 배수이면서 6의 배수와 9의 배수도 될 수 있다고. 배수는 끝이 없으니 이렇게 서로 겹칠 수 있는 거지. 대부분의 수는 대체로 쉽지만 7의 배수는 조금 복잡해. 판별할 숫자의 일의 자릿수를 뺀 다음 지지고 볶아야 된다고. 크헤헤헤~ 판별법도 몇 가지나 되지. 관심 있으면 찾아보고 자신만의 판별법도 발견해 보도록 해.

* **배수**란 어떤 수를 1배, 2배, 3배…… 한 수를 말해요.
* 배수 판정법: 어떤 수의 배수인지 쉽게 판별할 수 있는 방법

  2의 배수: 일의 자릿수가 0, 2, 4, 6, 8이면 2의 배수.
  3의 배수: 각 자릿수를 더해서 판별.
  4의 배수: 끝 두 자릿수가 4의 배수일 경우.
  5의 배수: 일의 자릿수가 0, 5일 경우.
  6의 배수: 2의 배수 판정법과 3의 배수 판정법을 함께 사용하면 알 수 있음.
  7의 배수: ① 일의 자릿수를 없앰.
  　　　　　② (일의 자릿수를 없애고 남은 수) − (일의 자릿수×2)
  　　　　　③ 계산해서 나온 수가 7의 배수일 경우.
  8의 배수: 끝 세 자릿수가 8의 배수일 경우.
  9의 배수: 각 자릿수를 더해서 판별.
  10의 배수: 끝 자릿수가 0인 경우.
  11의 배수: 홀수 번째 자릿수의 합과 짝수 번째 자릿수의 합이 같거나, 그 차가 11의 배수일 경우.

시 고기 맛도 좋고 몸에서 나오는 기름은 불을 켜는 데 제격이지. 냄새도 고소하고. 크크크크크~"

그러자 아이들이 겁에 질려 말했어요.

"뭐야, 모두 살아 있는 거잖아요. 무서워."

"그건 우리가 산 채로 잡아야 하는 거잖아요. 옴마나~ 난 못해. 절대 못해."

겁이 많아 벌레 한 마리 못 잡는 1학년생 코스타가 거의 울먹거리며 말했어요.

"하지만 다른 방법이 없는걸. 좋은 정보임에 틀림없으니까. 지금도 모닥불을 피워야 겨우 어둠을 밝히는데 바다표범의 기름으로 불을 켤 수 있다는 건 정말 다행인 일이지."

브리앙이 말했어요.

"근데 그렇게 어마어마한 동물들을 우리가 어떻게 사냥할 수 있죠?"

자크가 물었어요.

"하하하하~ 그래서 너희들한테 내가 필요한 거라고. 푸겔겔겔. 자, 그럼 다음 문제를 낼 테니 맞혀 보도록. 문제를 맞히면 내가 그것들을 잡을 수 있는 방법을 알려 주지."

유령 선장이 말했어요.

"문제를 꼭 맞혀서 음식을 장만해 놓도록 하자."

고든이 의욕적으로 말했어요.
"문제나 내 보시죠? 아까처럼 허튼 수작은 말고요."
도니펀이 화난 얼굴로 말했어요.

브리앙의 영특한 내용 정리

공배수를 구하라!

두 수의 공통된 배수를 공배수라고 하지. 그럼 공배수에서 가장 큰 수를 찾을 수 있을까? 없을까?

답은 '없다!'야. 자연수가 끝없이 펼쳐지듯이 공배수도 끝없이 무수히 많기 때문이야.

그럼 공배수 구하는 방법을 알아보자고.

☞ '두 수의 공약수가 없는' 수의 공배수 구하기

2와 3의 배수를 구하면,

2의 배수: 2, 4, ⑥, 8, 10, ⑫, 14, 16, ⑱, 20, 22, ㉔ ……
3의 배수: 3, ⑥, 9, ⑫, 15, ⑱, 21, ㉔, 27, ……

자세히 보면 두 수의 공배수는 6, 12, 18, 24, …… 이렇게 되므로, 2와 3의 공배수는 2×3=6, 6의 배수와 같다는 걸 알 수 있지.

세 수의 경우도 같아.

예를 들어,

2의 배수: 2, 4, 6, 8, 10, 12, 14, 16, 18, 20, 22, 24, 26, 28, ㉚, ……
3의 배수: 3, 6, 9, 12, 15, 18, 21, 24, 27, ㉚, ……
5의 배수: 5, 10, 15, 20, 25, ㉚, 35, 40, 45, 50, ……

2, 3, 5의 공배수 역시 2×3×5=30, 30의 배수와 같다는 걸 알 수 있지.

☞ '두 수의 공약수가 있는' **수의 공배수 구하기**

앞의 2, 3과 2, 3, 5의 공배수를 구할 때, 이들 사이에 공약수가 없다는 걸 알 수 있어. 하지만 6의 배수와 9의 배수처럼, 한눈에 봐도 **공통된 약수가 있는 수의 공배수**는 곱셈으로 공배수를 구한 다음 한 가지 더 할 일이 있어.

6의 배수×9의 배수=54의 배수

여기서 6과 9의 공배수는 54, 108, 162, ……라고 생각하겠지만 틀렸어.

바로, 더 작은 수의 공배수가 존재한다는 걸 꼭! 명심해야 해.

6의 배수: 6, 12, 18, 24, 30, 36, 42, 48, 54, ……

⇦

9의 배수: 9, 18, 27, 36, 45, 54, ……

⇦

6과 9의 공배수는 54의 배수와 같지만 54보다 작은 수의 공배수만 더 찾아 구해 주면 돼.

하지만, 좀 어렵다고 생각하지 않니?

걱정하지 마. 그래서 나온 게 바로 '최소공배수'야.

최소공배수는 나중에 다시 설명하겠지만, 바로 최대공약수 구하는 식과 똑같아. 그건 바로 위 설명처럼, '공약수'가 존재하기 때문이지.

생활에서 수학 읽기

예측 가능한 '최소공배수'

최소공배수 역시 우리 일상생활에 자주 사용되고 있어요. 지하철이나 버스의 배차 간격이라든지 각각 다른 것들이 같아지는 지점을 구할 때, 타일의 길이는 구해졌는데 붙이는 벽면의 길이를 물을 때 등 생각보다 많은 곳에서 쓰이고 있답니다.

예를 들어 볼까요? 한 커플이 데이트 후 각자의 집으로 돌아가기 위해 버스 정류장에 섰는데 공교롭게도 두 사람이 타야 할 버스가 동시에 막 지나가 버렸어요. 두 사람은 다음에 다시 두 버스가 동시에 올 때까지 정류장에서 기다리기로 하고 그 시간만큼 같이 있기로 했지요. 남자친구가 기다리는 17번 버스는 8분 간격으로 정류장을 지나치고, 여자친구가 타고 갈 버스 22번은 10분 간격으로 정류장을 통과한다고 하면, 두 사람은 얼마를 기다리면 동시에 온 버스를 각자 나눠 타고 집으로 갈 수 있을까요?

17번 버스	8	16	24	32	㊵	……
22번 버스	10	20	30	㊵	50	……

이 문제에서 17번 버스는 8분, 16분, 24분, 32분…… 간격으로 지나가고, 22번 버스는 10분, 20분, 30분……간격으로 지나가요. 배수로 늘어나는 시간 속에서 공통적으로 만나는 시간이 언제인지 찾는 문제이기 때문에 '공

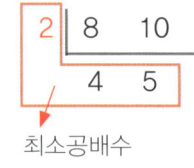
최소공배수

배수' 문제이며, 가장 빨리 같아지는 지점을 찾는 것이므로 '최소공배수'로 쉽게 풀 수 있어요.

소인수분해로 최소공배수를 구하면 2×4×5=40이 되므로, 40분 뒤에 동시에 17번 버스와 22번 버스가 도착해서 각자 자신이 타야 할 버스를 타고 헤어질 수 있게 된답니다.

어떤가요? 최소공배수가 참 편리하게 사용될 수 있죠?

그럼 앞에서 설명한 최대공약수에도 나온 타일 문제를 최소공배수에서는 어떻게 활용할 수 있는지 비교하며 알아보도록 해요.

친구에게 얻은 예쁜 타일로 바닥을 꾸미려 하는데 타일의 개수가 넉넉하지 않아요. 자로 재어 봤더니 타일 한 개의 가로 길이는 12cm, 세로는 15cm예요. 빈틈없이 붙여서 가능한 한 가장 작은 정사각형을 만들어 예쁜 공간을 만들 때 전체 정사각형 한 변의 길이는 어떻게 되는지 알아보기로 해요. 가로, 세로를 계속 붙여 나가야 하기 때문에 원래 타일

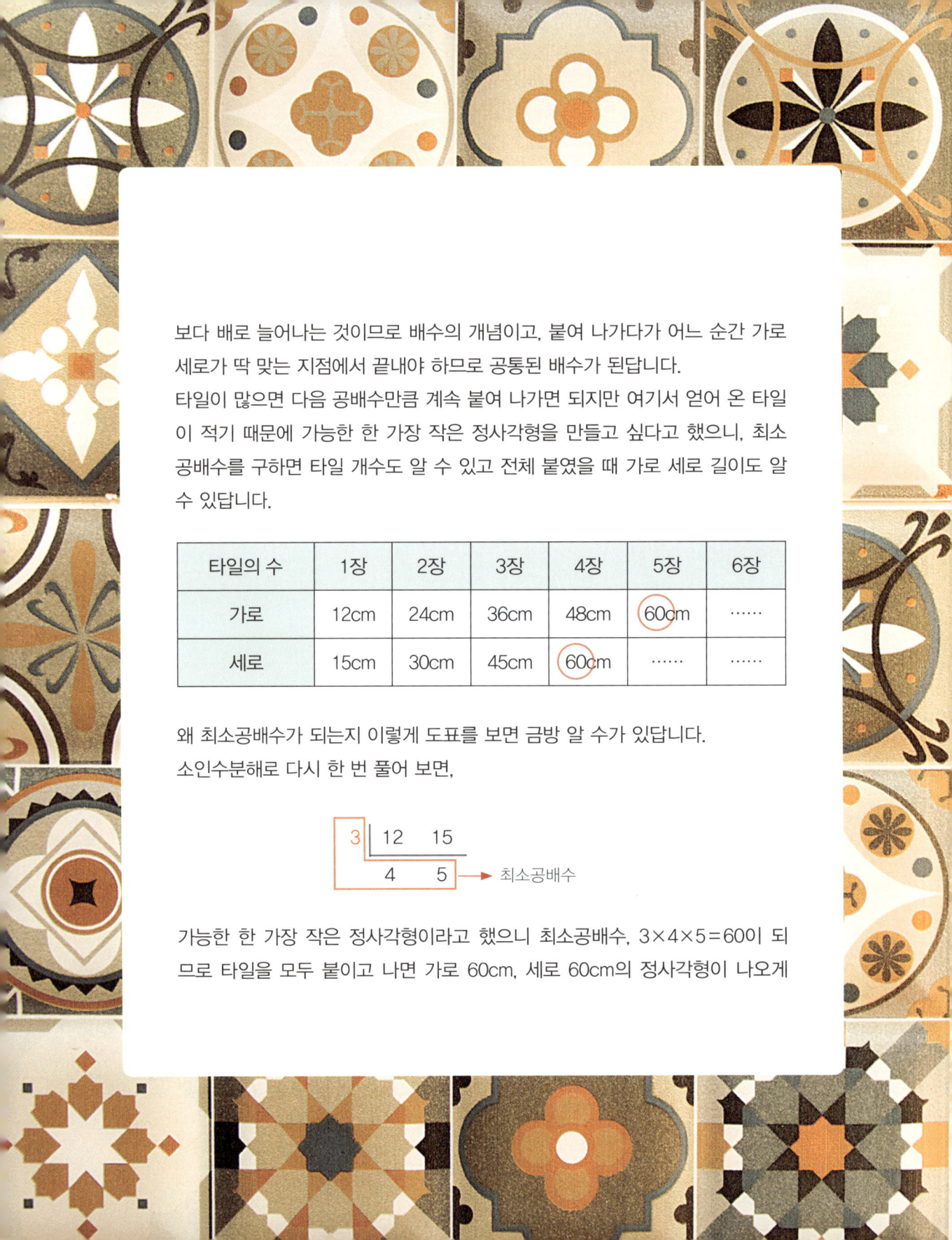

보다 배로 늘어나는 것이므로 배수의 개념이고, 붙여 나가다가 어느 순간 가로 세로가 딱 맞는 지점에서 끝내야 하므로 공통된 배수가 된답니다.

타일이 많으면 다음 공배수만큼 계속 붙여 나가면 되지만 여기서 얻어 온 타일이 적기 때문에 가능한 한 가장 작은 정사각형을 만들고 싶다고 했으니, 최소공배수를 구하면 타일 개수도 알 수 있고 전체 붙였을 때 가로 세로 길이도 알 수 있답니다.

타일의 수	1장	2장	3장	4장	5장	6장
가로	12cm	24cm	36cm	48cm	60cm	……
세로	15cm	30cm	45cm	60cm	……	……

왜 최소공배수가 되는지 이렇게 도표를 보면 금방 알 수가 있답니다.
소인수분해로 다시 한 번 풀어 보면,

$$\begin{array}{r|rr} 3 & 12 & 15 \\ \hline & 4 & 5 \end{array} \rightarrow 최소공배수$$

가능한 한 가장 작은 정사각형이라고 했으니 최소공배수, 3×4×5=60이 되므로 타일을 모두 붙이고 나면 가로 60cm, 세로 60cm의 정사각형이 나오게 됩니다.

가능한 가장 작다고 해도 최소공배수의 경우 한 개의 타일 12cm보다는 훨씬 큰 가로 길이가 되며 세로 15cm보다도 당연히 훨씬 큰 세로 길이가 되는 거지요.

최대공약수와 비교했을 때 바로 이 부분이 중요한 포인트랍니다. 최소공배수는 '최소'가 붙지만 원래 수보다는 언제나 훨씬 큰 수가 된다는 거 말이죠.

어떤가요?

생활 속에서 쓰이는 최소공배수 문제들을 이해하니 훨씬 쉽고 재밌지 않나요?

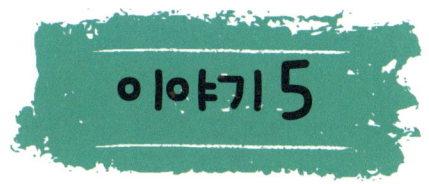

에라토스테네스의 체

약수와 배수
약분과 통분

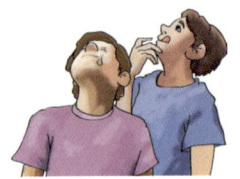

유령 선장이 아이들에게 말했어요.

"그럼 문제를 내 보도록 하지. 다섯 자릿수 □679○는 72로 나누어떨어지지. 여기서 □, ○ 속에 들어갈 숫자를 맞히는 거야. 아~ 너무 쉬운 걸 내 줬나 몰라. 크하하하. 이번에는 예전에 이 숲에서 열매를 따 먹던 나무가 아직도 있나 보러 갔다 오지. 그 나무 열매가 얼마나 달고 맛있던지! 너희들도 먹으면 분명 좋아할 거야. 단! 정답을 맞혔을 때만 맛볼 수 있지."

유령 선장은 뭐가 좋은지 목청껏 웃었어요. 그러다 갑자기 정색을 하며 도니편 얼굴에 바짝 다가가 겁을 주는가 싶더니, 이내 연기처럼 사라졌지요. 저 괴팍한 성격에 어떻게 선장이 됐는지 궁금했지만 왜 배가 침몰됐는지는 확실히 이해가 되었어요.

"헉, 저 유령 선장이 얼굴을 들이밀 때마다 차가운 기운이 팍팍

끼쳐서 끔찍해."

도니펀이 차가운 기운을 털기라도 하듯 얼굴을 박박 문지르며 말했어요.

"우리가 무슨 마술사라도 되는 것처럼 앞뒤로 뻥뻥 뚫어 놨네."

자크가 심드렁하게 말했어요.

"'나누어떨어진다'는 것은 곧 어떤 수의 배수라는 뜻이야. 72로 나누어떨어진다는 건 이 다섯 자릿수가 곧 72의 배수라는 것을 의미하지."

고든이 말했어요.

"그럼 72의 배수를 계속 곱해서 찾으면 되겠네. 72×2는 144, 72×3은 216, 72×4는 288, 72×5는 음……."

곱하기를 제법 공부한 4학년 윌콕스가 말했어요. 부유한 법조인 집안에서 태어나 어렸을 적부터 고집불통에 말썽만 피우던 윌콕스는 이제 매사를 진지하게 대하기 시작했지요. 이곳에 온 후 철이 든 것 같았어요.

"그렇게 하다간 몇 날 며칠이 걸리겠다. 구구단에서 72가 되는 수를 찾으면 8×9=72가 되니까, 72의 배수가 되는 수라는 말은 곧 8의 배수, 9의 배수도 된다는 뜻이지."

브리앙이 말했어요. 차분하고 신중한 5학년생 백스터가 알았다는 듯 목소리가 활기차졌지요. 창의력이 뛰어난 백스터는 머리 회전이 남달랐어요.

"8의 배수인지 알아보는 배수 판정법을 지난 학기에 공부했잖아. 8의 배수는 끝 세 자릿수가 8의 배수이면 돼."

"그래? 좋아. 그럼 □679○에서 끝 세 자리는 79○이 돼."

같은 학년 크로스가 말했어요.

"790은 8로 나누어지지 않고, 792는…… 8로 나누어져! 그럼 ○는 2가 돼. 더 나누지 않아도 돼서 좋은데?"

백스터가 기쁜 나머지 큰 소리로 말했어요.

"오, 잘 맞혔어. 이제 나머지 하나만 남았어."

고든이 말했어요.

"9의 배수 판정법은 어떻게 돼?"

3학년인 가넷과 서비스가 물었어요.

"9의 배수 판정법은 각 자릿수를 모두 합해서 나온 수가 9의 배수인지 알아보면 돼."

백스터가 자신 있게 말했어요.

"나도 더하기는 자신 있어. 내가 해 볼게."

2학년인 젱킨스가 웬일로 나서더니 큰 소리로 더하기를 해 보았어요.

"□+6+7+9+2"

"□+24"

젱킨스가 재빨리 더하기를 마쳤지만 그다음은 모두 잠시 침묵에 빠졌어요. 뭔가 실마리를 찾았는데 확실한 해답은 아직 보이지 않는 표정이었지요.

"9의 배수는 9, 18, 27, 36, 45…… 구구단에서 9단을 생각하면 돼. 24에서 더해야 하니까 24보다는 큰 수 27, 36, 45……에서 찾으면 돼."

모든 걸 지켜보던 브리앙이 도와주었어요.

"쳇! 그럼 27뿐이야. 36이 되려면 □+24에서 □는 12가 되니까.

한 자리 자연수가 되지 않잖아."

모든 상황을 지켜보던 도니편이 결정적인 순간에 끼어들었어요.

"3×9는 27이야. 야호~ □는 3이야."

도니편 옆에 있던 크로스도 기쁨을 주체 못 하고 소리쳤어요.

"와~ 그럼 우리가 다 맞혔어."

바로 그때, 유령 선장 프레드릭이 동굴 안으로 연기처럼 들어왔어요.

"오호호홋, 활기찬 거 보니 문제를 맞혔나 보군."

"네. □는 3이고, ○는 2예요."

문제를 푸는 데 가장 적극적이었던 백스터가 유령 선장을 향하여 당당하게 말했어요.

"오홋, 제법인데. 이 녀석들~ 학교에서 똑똑한 애들만 배에 태워 보냈나 보군. 크하하하하."

"그럼 이제 바다사자 사냥법을 가르쳐 주세요."

고든이 앞장서서 말했어요.

"음……. 사실 별건 없어. 그놈들은 느려 터졌으니까. 그리고 사람을 본 적이 없어서 아마 경계도 하지 않고 푹 퍼져서 뒹굴뒹굴하기나 할 거야."

"그래도 엄청 큰 동물이었다고요."

도니편이 쏘아붙였어요.

"그건 그렇지. 내가 일러 준 곳에 가면 총이 있을 거야. 장총이지. 위험한 물건이지만 조금만 연습하면 사용할 수 있을 거야."

유령 선장이 말했어요.

"그래도 바다사자를 죽이는 건 너무 불쌍해."

저학년 아이들이 고개를 저으며 울 듯이 말했어요.

다음 날 아이들이 부서진 배에 다시 갔을 때 유령 선장의 말대로 마룻바닥을 뜯어내자 장총 2자루가 나왔어요. 생각했던 것보다 훨씬 무거웠지만 고학년 아이들은 자신감을 가졌지요. 특히 뉴질랜드 대지주의 아들인 도니펀과 사촌 크로스는 아버지와 사냥을 다녀서 총에 대한 기본적인 지식을 가지고 있었어요.

"좋아, 총은 지도자인 내가 언제나 관리하겠어. 대신 사냥은 도니펀과 크로스가 하는 걸로 하자."

고든이 단호하게 말했어요. 도니펀과 크로스는 숲으로 가서 자주 사격 연습을 했지요.

며칠 후 아이들은 서쪽 해안가로 갔어요. 바위틈에서 조심스레 지켜보니 유령 선장의 말대로 바다사자들이 평화로이 모래밭에서 쉬고 있었지요.

"이번 겨울을 위해 2~3마리 정도만 잡도록 하자. 일단 우리한테 필요한 단백질과 지방을 섭취하고 남은 고기는 말려서 보관하면 될 거야."

고든이 제안했어요.

"그래. 그거면 이번 겨울을 거뜬히 날 수 있을 거야."

브리앙이 거들었지요.

"기름을 짜 놓으면 이제 장작불을 피워서 불을 밝힐 필요는 없을 거야. 기름으로 저녁을 밝히면 되니까. 아마 대낮처럼 환해질걸. 크!"

"그게 정말이야?"

"그렇다면 정말 신나겠는걸. 칠흑 같은 밤은 정말이지 너무 무서웠어."

아까 바다사자가 불쌍하다고 하던 아이들의 목소리는 어느새 환호로 바뀌었어요.

아이들은 오전 10시쯤 슬루기 만에 도착했어요. 바닷가에는 백여 마리의 바다사자들이 모랫사장에 뒹굴거리며 여유롭게 태양욕을 즐기고 있었지요. 불쌍하지만 이 중에서 두어 마리는 아이들을 위해 희생될 수밖에 없었어요. 통통하고 살찐 녀석으로 골라야 했지요. 그런데 바다사자들은 평소에는 느릿느릿하지만 위기가 닥치면 덩치에 어울리지 않게 행동이 재빠르고 성질도 난폭해져요. 만약에 산만 한 덩치로 달려들면 도리어 큰 사고가 날 수도 있었지요.

"너희들은 여기 있는 게 좋겠다."

도니펀이 저학년 아이들을 멀리서 지켜보게 했어요. 만일의 사태를 대비하기 위해서였지요. 고든과 브리앙, 도니펀 등 고학년 아이들은 바다사자 쪽으로 천천히 걸어갔어요.

사람을 본 적 없는 바다사자들은 처음에 아이들을 보고는 꿈쩍도 안 하고 콧방귀를 뀌었어요. 그러나 총성이 울리자 바다사자들은 깜짝 놀라 날뛰기 시작했지요. 어떤 놈들은 모래사장을 펄쩍펄쩍 뛰고 어떤 놈들은 순식간에 바닷속으로 도망치기 시작했어요. 만약 저 덩치로 아이들을 향해 덤벼든다면 상상도 못 할 일들이 벌어졌을 거예요. 아이들은 점점 더 신중하게 사냥을 했지요.
　"발사!"
　"탕탕탕!"
　마침내 아이들은 바다사자를 사냥하는 데 성공했어요. 잡힌 바다사자들은 아이들에 의해 바닷물에서 모래사장으로 옮겨졌어요.

몇몇 고학년 아이들은 바다사자를 요리하려고 손질하기 시작했어요. 커다란 솥에 물을 끓여 바다사자를 삶기 시작하자 냄새가 바닷가 전체에 퍼졌어요. 마치 소고기를 삶듯 곰탕 같은 구수한 냄새가 피어오르기 시작했지요.

"꿀꺽!"

아이들은 군침을 삼키고 나서, 먼저 솥 위로 떠오른 기름들을 건져 내기 시작했어요. 상당한 양의 기름이 확보되었지요. 이 정도 기름이면 한동안 걱정 없이 저녁을 환하게 밝힐 수 있을 양이었어요.

요리하는 것을 좋아하는 4학년생 웨브와 모코가 바다사자를 요리하기 시작했어요. 통조림으로만 연명하던 아이들은 모처럼 싱싱한 고기를 맛보게 되어 모두들 행복해했지요. 정말 오랜만에 생고기를 배 터지게 실컷 먹어 보게 된 거예요. 부유한 집안에서 자라 부족함 없이 살아 왔던 아이들에게는 이전에는 상상도 못 한 일이었어요. 고기를 구하는 것이 얼마나 어려운 일인지, 고기가 이렇게 맛있는 것인 줄 아이들은 새삼 깨닫게 되었지요.

그날 밤, 유령 선장은 아이들 곁에 머물며 계속해서 웃어 댔어요.

"숲에도 고기가 될 만한 녀석들이 살지. 하지만 원체 빨라서 사냥하기가 쉽지 않을 거야. 웬만한 어른들도 허탕 치기 일쑤지. 하지만 숲엔 맛있는 열매도 꽤 많아. 뱀만 조심하면 될 거야. 크크크크~"

"고마워요, 선장님."

"이 모든 게 선장님 덕분이에요."

아이들은 어느새 유령 선장과 친한 사이가 되어 가고 있었어요.

점점 섬 생활에 익숙해지고 살 만해지자 브리앙과 고든은 덜컥 겁이 났어요.

"이 섬에 너무 익숙해진 거 아닐까? 하루빨리 부모님이 계시는 곳으로 가야 되지 않겠어?"

브리앙이 말했어요.

"당연하지. 근데 여기 동굴 근처에만 있다간 배가 지나간다 해도 우릴 발견하지 못할 거야. 이렇게 가다가는 평생 여기서 늙어 죽을 지도 몰라."

고든이 말했어요.

"쳇! 그래. 여기서의 모험도 이제 즐길 만큼 즐겼어. 유령 선장을 꼬드겨서 여길 탈출할 방법을 찾아볼 거야."

도니펀이 말했어요.

"어떻게 유령 선장을 꼬실 건데?"

크로스가 물었어요.

"이번엔 우리가 역으로 문제를 내는 거야. 아주 어려운 수학 문제를 내서 우리가 조건을 내걸고 요구하면 돼."

도니펀의 저돌적인 제안에 유령 선장과 사이좋게 지내게 된 아이들은 다소 걱정스런 얼굴이 되었어요.

  "음, 생각해 보니 아주 좋은 아이디어 같아."

  도니펀이 거칠게 굴어 곤란한 적이 많았던 브리앙이 도니펀의 말에 찬성한 것은 이번이 처음이었어요.

  "맞아, 이대로 유령 선장이 주는 혜택만 받아서는 아무런 발전도 없어. 나도 찬성이야."

  고든도 거들었어요.

  "뭐, 그렇게 생각들 해 주니 고마워. 그런데 어떤 문제를 내면 될까? 생각한 거라도 있어?"

  "아, 유령 선장이 며칠 전 혼자서 끙끙대는 걸 들었어. 소수의 무슨 체라고 하는 걸 잘 모르겠다고 중얼거리던걸."

  유령 선장과 가장 오랫동안 붙어 다닌 자크가 말했어요.

  "그래? 정말 그랬단 말이지."

  "응. 소수의 무슨 체라고 분명히 들었어."

  "좋아, 내가 생각해 둔 좋은 문제가 있어."

  도니펀이 말했어요.

  "이제까지 너희들에게 까칠하게만 대한 것 같은데 이번 기회에 나도 큰 도움이 될 수 있겠는걸."

  도니펀이 제법 어른스럽게 말했어요.

"무슨 소리야. 네가 사냥을 해 주지 않았다면 우린 맛있는 고기는 구경도 못 했을 거야."

브리앙이 다정하게 말했어요. 밖에서 고생을 함께하게 되면서 두 사람의 관계는 점점 좋아지는 듯했지요.

"맞아, 형이 얼마 전에 잡아 준 사슴처럼 생긴 고기는 정말 맛있었어."

2학년생 젱킨스가 말했어요.

"바보야, 그건 사슴이 아니라 라마야, 라마. 뭐 아메리카 대륙의 사슴이라곤 할 수 있지만 말이야."

4학년생 웨브가 말했어요.

밤이 되자 더더욱 유쾌해진 유령 선장 프레드릭이 나타났어요.

"헤헤헤헤~ 수학은 넘 재미있다니까……. 안 그래? 애들아, 수학은 말이지. 아주 명쾌해. 아~ 궁금하다 궁금해~ 하면서 문제를 풀다 보면 어느새 명쾌한 답이 나오잖니. 그때의 기쁨이란……. 크헤헤헤."

"선장님은 호기심이 정말 왕성하시군요."

도니펀이 뭔가를 숨긴 듯한 어투로 말했어요.

"오~ 그렇지, 그래. 난 정말 호기심도 많고 그만큼 머리도 똑똑해서 웬만한 수학은 독학으로 정복한 사람이지. 음하하하하~"

유령 선장은 조금만 띄워 줘도 신이 나서 자기 자랑을 떠벌리듯 말했어요.

"그럼, 이번에는 우리가 문제를 낼 테니 선장님이 맞혀 봐요. 자신 있다고 하셨잖아요?"

도니펀의 도전적인 말에 유령 선장은 흠칫 놀라는 기색이었어요.

"왜요? 자신이 없으신가요?"

브리앙까지 거들자 유령 선장은 잠시 난처해하는 듯하더니 으레 큰 소리로 웃음을 터트렸어요.

"흠하하하하, 요것 봐라. 너희들이 문제를 내겠다고? 나에게?"

"그래요, 대신 맞히면 선장님 뜻대로 해 드리고 선장님이 못 맞히면 저희들이 원하는 걸 꼭 해 주셔야 돼요."

고든이 못을 박듯이 말했어요.

"오홋~ 흥미로운데. 좋아, 너희들이 바라는 게 도대체 뭐냐? 만약 내가 맞히면 너희 중 한 명의 목을……."

순간 아이들은 한겨울날 병아리처럼 바짝 얼어붙었어요. 얼굴빛도 사색으로 변해 버렸지요.

"크헤헤헤헤. 농담이야, 농담."

순간 움찔한 아이들은 도니펀을 쳐다보았어요. 도니펀은 이미 엎질러진 물이라고 생각하고 용기를 내었지요.

"자, 여기 숫자 1부터 50까지 숫자들이 적힌 종이가 있어요. 각 숫자들 아랜엔 글자가 적혀 있지요. 소수만을 찾아서 순서대로 나

1	2	3	4	5	6	7	8	9	10
홀	섬	에	공	서	육	탈	최	대	공
11	12	13	14	15	16	17	18	19	20
출	짝	할	배	수	체	방	해	법	요
21	22	23	24	25	26	27	28	29	30
소	수	을	삼	각	형	원	주	가	약
31	32	33	34	35	36	37	38	39	40
르	나	눗	샘	무	한	쳐	암	호	숫
41	42	43	44	45	46	47	48	49	50
주	기	세	다	섯	째	요	비	밀	자

열하면 저희들이 바라는 소원이 글로 나타날 거예요."

도니펀이 열정적으로 말했어요.

"뭐…… 뭐라고…… 소수……."

유령 선장이 떠듬떠듬 중얼거리듯 말했어요.

"선장님은 '수학의 신'이잖아요. 이 정도쯤이야 거뜬히 푸실 수 있겠죠."

자크가 선장 곁에서 치켜세우며 말했어요.

"그럼…… 그럼……. 수학의 신이 이 정도쯤이야."

선장도 금세 기운을 차리며 말했지요.

"저희는 낮에 덫에 걸린 야생 닭을 요리하고 배에 있던 그물로 잡은 생선을 요리할 거예요. 저녁상을 차릴 때까지 정답을 맞혀 주세요. 선장님보다는 시간을 훨씬 많이 드리는 거네요."
 도니펀이 말했어요.
"안 돼, 시간을 너무 많이 주면 유령 선장한테 너무 유리하잖아."
 도니펀의 사촌인 크로스가 강하게 반대하며 속삭이듯 말했어요.
"괜찮을 거야. 오늘 저녁 담당은 7명이 동시에 하면 되니까. 요리

하는 시간을 최대한 서두르자고."

고든이 아이디어를 냈어요.

"우리들도 요리를 거들 거예요."

분위기를 감지한 1, 2학년 아이들이 팔을 걷어붙이며 말했어요.

"하하하하, 정말 우리는 못해 낼 게 없는 무적의 15소년이야."

브리앙이 기분 좋게 웃으며 말했어요.

"선장님, 시작하실 거죠?"

도니편의 말에 그제야 정신을 차린 듯 유령 선장 프레드릭이 말했어요.

"그럼, 그럼. 그 정도야 내가 금방 하지~ 대신 자크 넌 나를 좀 도와다오."

자크는 형들을 향해 눈을 찡긋해 보이며 말했어요.

"그럼요, 제가 무슨 도움이 될까 싶지만요."

아이들은 일사분란하게 저녁 준비를 위해 이리저리 뛰어다니며 자발적으로 움직였어요. 유령 선장은 동굴 한편에서 종이를 들여다보며 고개를 이리저리 돌리다가 소리를 빽~ 질렀지요.

"에잇, 도대체 시끄럽고 성가셔서 문제에 집중할 수가 없잖아. 난 잠시 배로 돌아가서 생각 좀 하고 올 테다."

유령 선장은 연기처럼 동굴 밖으로 사라졌어요. 슬루기호는 폭풍으로 부서져서 한쪽이 심하게 기울어져 파도에 조금씩 흔들리고 있었지요. 갑판에서 왔다 갔다 하던 선장은 다시 자신만의 작은 방으로 가서 책상 위에 종이를 놓고 생각에 골몰했어요.

"소수는 나처럼 외로운 수들이야. 그렇지만 특별하고 의미 있는 수이기도 하지. 나처럼 말이야. 흐흐흐흐. 소수는 1과 자기 자신만을 약수로 가지는 수지. 더 쉽게 말하면, 곱해서 자신이 되는 수가 존재하지 않는다~ 이 말이야. 그러면 우선 1은 소수이던가? 아니던가? 에잇, 2부터 알아보자. 2는 1과 2뿐이지. 3은…… 3도 곱해서 3이 되는 게 1뿐이니까 소수지. 4는…… 2×2로 곱해서 되는 수가 있으니 소수가 아니고……. 보자, 5는 5뿐이고, 6은 2×3이니 소수가 아니고……."

유령 선장은 문제에 골몰한 나머지 시간이 어떻게 흘러가는지도 모르고 있었어요. 그 시각 아이들은 닭을 굽고, 낮에 그물로 잡은 생선은 숲에서 따 온 열매와 함께 익혔지요.

"난 제일 먹고 싶은 게 갓 구운 빵! 빵이 너무 먹고 싶어."

1학년생 코스타가 말했어요.

"나도. 빵에다가 버터를 바르고 내가 좋아하는 쨈을 듬뿍 발라서 한 입 먹으면, 음~ 얼마나 맛있을까?"

3학년인 가넷이 옆에서 빵을 먹는 시늉을 해 보이며 말했어요.

"난 저녁이면 자주 먹던 수프가 먹고 싶어. 토마토와 샐러리가 들어가고, 쇠고기도 큼직하게 들어간 수프……."

3학년생 서비스도 덩달아 꿈을 꾸듯 말했어요.

"이 섬에서 나가면 정말이지 배가 터지도록 먹을 테야. 빵이랑 미트볼이랑 스튜랑……."

아이들이 먹는 환상에 젖어 있을 때 요리를 마친 웨브가 말했어요.

"저녁 준비는 끝났어. 근데 유령 선장은 코빼기도 안 보이는데……. 하하하."

"내 작전이 성공했어. 우린 저녁을 먹고 있다가 유령 선장이 오면 놀려 주기만 하면 될 것 같아."

도니펀이 크게 기뻐하며 말했어요.

"우리가 문제를 내서 맞히게 한 건 정말이지 좋은 생각이었어."

고든이 말했어요.

"그래, 그럼 우리 저녁이나 먹으며 유령 선장을 기다리자."

아이들이 저녁을 다 먹었는데도 유령 선장은 나타나지 않았어요. 아이들이 어두워진 동굴에 모닥불을 피워서 둘러앉아 휴식을 취하고 있을 때쯤에야 홀연히 동굴 밖에서 안으로 미끄러지듯 유령 선장이 나타났어요.

"아니, 뭐야. 벌써 저녁식사를 마친 거냐! 아니면 내가 너무 빨리 알아내서 저녁도 먹기 전이냐. 헤헤헤헤."

유령 선장 프레드릭의 등장에 모두들 반기며 말했어요.

"저녁은 벌써 먹었어요. 선장님이 너무 늦은걸요."

"뭐, 뭐라고! 내가 그렇게나 오랫동안 배에 있었단 말이냐. 으~ 너무 굴욕적이야. 난 스피드보단 정확성을 중시하는 바람에 언제나 이렇게 손해를 보고 말지. 크헤헤헤. 하지만 답을 알아냈단다."

답을 알아냈다는 말에 아이들의 표정은 어두워지기 시작했어요.

"어디 말해 보세요."

도니펀이 말했어요.

"소수만 찾아서 그 소수 아래에 있는 글을 이으면 우리가 원하는 문장이 돼요. 어떤 문장이 나왔는지 말해 보세요."

도니펀의 재촉에 유령 선장이 들고 있던 종이를 들여다보며 말했어요.

"그건 말이지."

아이들은 침을 꼴딱 삼켰지요.

"정답은 바로 '섬에서 탈출할 해법을 가르쳐 주세요'야. 음하하하하하~ 어떠냐. 좀 늦었지만 정답은 맞혔으니 그걸로 만족한단다."

유령 선장은 전혀 위축되지 않은 의기양양한 모습으로 아이들 사이를 휘저으며 말했어요.

"도니펀. 어때, 정답이 맞니?"

고든이 물었어요.

"쳇, 하마터면 다 맞은 줄 알았지 뭐야."

"뭐? 그럼 틀린 거야?"

브리앙이 물었어요.

"뭐시라고! 이 대수학자 프레드릭이 심사숙고한 답이 정답이 아니란 말이냐."

유령 선장이 화가 나서 동굴 천장으로 슝 하고 날아올랐다가 갑자기 급강하하면서 도니펀 얼굴에 가까이 들이밀었어요.

"그래요. 1부터 50까지의 숫자 중 소수만 찾으면 2, 3, 5, 7, 11,

13, 17, 19, 23, 29, 31, 37, 41, 43, 47 이렇게 15개가 돼요."

"흥, 내가 그것도 모를 줄 알고……. 나도 15개가 나왔지. 시간은 물론 좀 걸렸지만 말이야. 하나씩 곱셈하며 찾아내는 데 얼마나 진땀을 흘렸는지 몰라. 휴~ 특히 13 뒤부터는 찾는데 피가 머리로 거꾸로 쏟는 줄 알았다고. 하지만 내가 누구야. 바로 수학 천재 프레드릭 님이시라고."

유령 선장이 다시 한 번 하늘로 치솟았다가 내려왔어요.

"쳇, 전 아예 50까지의 소수는 늘 암기하고 있다고요. 그냥 쭉 한 번 보면 그냥 외워지는데 뭘 그렇게 고생한 거죠?"

도니펀이 얄밉게 대꾸했어요.

"그렇게 하나하나 셀 필요는 없어. 이미 고대 그리스의 에라토스테네스가 소수를 쉽게 찾는 방법을 알아냈으니까. 그걸 바로 그 유명한 '에라토스테네스의 체'라고 해."

브리앙이 자신 있게 말했어요.

"뭐라고? 체? 작은 것들은 내리고 큰 건 거르는 그 체 말하는 거야?"

브리앙의 동생 자크가 물었어요.

"맞아, 바로 그 체를 말하는 거야. 1에서 100까지의 자연수를 체에 모두 담고 소수만 거르는 걸 말해."

"히히, 체는 도너츠를 만들기 위해 밀가루를 거르는 데만 사용하는 줄 알았는데…….”

1학년인 귀여운 코스타가 웃으며 말했어요. 유령 선장은 호기심 어린 얼굴로 브리앙 쪽으로 휙 돌아섰지요.

"그런 게 있단 말이냐. 어디 그 체를 나한테도 좀 빌려줘 봐. 괜히 고생했잖아!"

선장이 짜증을 내며 말했어요.

"그건 눈에 보이는 '체'가 아니라, '체로 거르는 방식'이란 뜻으로 자연수에서 특별히 소수만을 쉽게 찾는 방법이에요. 고대 그리스의 에라토스테네스가 생각해 낸 거지요."

브리앙의 설명에 선장은 더더욱 화가 치솟는 모양이었어요.

유령 선장의 친절한 개념 설명

에라토스테네스의 체

에라토스테네스는 고대 그리스의 수학자이자 천문학자란다. 헬레니즘 시대 이집트에서 활약했으며, 문헌학 및 지리학을 비롯해 다양한 학문에 업적을 남겼는데, 특히 수학과 천문학 분야에서 후세에 남는 큰 업적을 남겼지. 지구의 크기를 처음으로 계산해 냈으며, 소수를 걸러내는 에라토스테네스의 체를 고안한 것으로도 알려져 있지. 크하하하~

에라토스테네스(기원전 274~기원전 196)

에라토스테네스의 체는 에라토스테네스가 고안했다고 여겨지는 소수 판정 방법이야. 자연수를 순서대로 늘어놓은 표에서 합성수를 차례로 지워 나가면서 소수 목록을 얻는 것을 말하는데, 알고리즘의 예제로도 유명하지. 어떤 수가 소수인지 판별하는 방법들 중에서 가장 자주 쓰이는 방법이 바로 에라토스테네스의 체라는 걸 명심하도록! 고대에 고안한 이 방법이 현재까지 수학자들 사이에서 활발하게 쓰이고 있으니까 말이야.

"뭐라~ 고대, 고대라고 했니? 오 마이 갓~ 고대 그리스에서 에라토스 뭐라는 작자도 생각해 낸 건데…… 이 대수학자인 프레드릭이……. 그래 어서 설명해 봐라. 그 작자가 뭐라고 한 거냐?"

"먼저 1부터 50까지 쭉 써 놓은 뒤, 하나씩 하나씩 지워 나가는 방법이죠."

브리앙이 말을 이었어요.

"먼저 1은 모든 수의 약수이므로 소수가 될 수 없어요. 그러니 2를 제외하고 2의 배수를 모두 지워요. 그러고 나서 3을 제외하고 3

유령 선장의 친절한 개념 설명

소인수분해

1을 제외한 자연수 중에서 1과 그 자신만을 약수로 갖는 수를 소수라고 하는 건 이미 앞에서 배웠지? 예를 들어 7은 약수가 1과 7이므로 소수야. 하지만 6은 약수가 1, 2, 3, 6이므로 소수가 아니란다. 짝수이면서 소수인 것은 2뿐이지. 또한 소수의 약수의 개수는 항상 2개지.

자연수 a가 $a=b\times c$로 나타내어질 때 b, c를 a의 '인수'라고 하지. 자, 예를 들어 볼까? $30=5\times 6$에서 5는 소인수이고 6은 소인수가 아니야. 이때 자연수를 소수들의 곱으로 나타내는 것을 '소인수분해'라고 한단다. 어때, 이제 알겠지? 크헤헤헤헤~

* **소인수분해**란 어떤 자연수를 소수들의 곱으로 나타내는 것을 말합니다.
  소인수분해를 할 때에는 작은 수부터 차례로 씁니다.
  12의 소인수분해 : $12 = 2 \times 2 \times 3$

의 배수를 모두 지우죠. 그리고 4를 제외하고 4의 배수를 지워요. 뭐, 4의 배수는 이미 2의 배수 때 다 지워졌겠죠. 그다음 5를 제외하고 5의 배수를 지워요. 이렇게 계속해서 지워 나가다 보면, 결국 소수만 남게 되는 거죠. 선장님은 결국 17, 19번이 소수인데 18, 19번으로 잘못 찾은 거예요. '해법'이 아니라 '방법'이라고 했어야 하죠."

"으으윽~ 이런 방법을 찾아낸 사람이 고대 사람이라니. 아흐흑 흑~"

매번 호탕하게 웃기만 하던 유령 선장이 갑자기 절규를 하며 흐느끼기 시작했어요.

"슬루기호의 내 안식처에 가서 안정을 좀 취해야겠구나."

선장은 슬그머니 자리를 뜨려고 했어요.

유령 선장의 친절한 개념 설명

최소공배수

우헤헤헤~ 너희들이 하나하나 알아 가는 걸 보니 내가 다 뿌듯하구나. 크헤헤헤헤. 이번엔 최소공배수에 대해 알아볼 거란다. 잘 기억해 둬. 최소공약수나 최대공배수는 존재하지 않아. 공약수 중에 최고로 작은 수는 언제나 '1'이니까 개그에서 나오듯 "의미 없다~"는 거지. 최대공배수는 어디 구할 자신 있음 한번 구해 보라고. 끝도 없는 자연수만큼이나 배수는 끝이 없으니까. 케겔겔겔. 자, 그럼 최소공배수가 뭔지 가르쳐 주마.

최소공배수는 두 수의 공통된 배수 중에서 가장 작은 수를 말하는 거란다.

4의 배수는 4, 8, 12, 16……이지. 구구단을 사용하면 되잖아. 8의 배수는 8, 16, 24, 32……지. 그럼 두 수 4와 8의 공통된 배수인 공배수는 8, 16…… 이렇게 끝없이 되겠지. 자, 여기서! 이 두 수 4와 8의 최소공배수는 말이지. 공배수 중 가장, 가장~ 작은 배수를 찾으면 돼. 크헐헐헐헐, 아이고 너무 쉽잖아. 제일 작은 걸 콕 찍으면 되니 말이지. 그건 바로 '8'이 되는 거거든.

4와 8의 최소공배수는 '8'이 된다 이 말씀이야. 어때, 이 유령 선장의 설명을 들으니 아주 쉽지? 푸겔겔겔겔겔.

* **최소공배수**란 두 수의 공배수 중 가장 작은 수를 말합니다.

브리앙의 영특한 내용 정리

한눈에 들어오는 최소공배수 구하는 방법!

최소공배수란 공배수 중에서 가장 작은 수를 말해. 그럼 공배수 중에서 가장 큰 수는?
어떤 수의 배수는 끝없이 많은 수로 되어 있기 때문에 최대공배수는 구할 수가 없어. 그럼, 최소공배수가 왜 중요한지 말해 줄게.
모든 공배수는 최소공배수의 배수가 되기 때문이야.

4의 배수: 4, ⑧, 12, ……
8의 배수: ⑧, 16, 24, ……
최소공배수는 8, 8의 배수가 곧 4와 8의 공배수!

본격적으로 최소공배수를 구해 보면,

① 각 수의 소인수분해로 최소공배수 구하기

12, 30을 소인수분해하면,

$$12 = 2^2 \times 3$$
$$30 = 2 \times 3 \times 5$$
$$\text{최소공배수}: 2^2 \times 3 \times 5 = 60$$

공통된 수일 경우, **큰 수**를 택한다.
똑같은 수일 경우, 그대로 내린다.
공통이 아닌 수도 내린다.

② 같이 묶어서 소인수분해로 최소공배수 구하기

여기서 중요한 용어 하나를 더 익혀야 해. 12와 30을 함께 소인수분해하면 어디까지 곱셈식으로 나눠야 할까? 바로 남은 수끼리 공약수가 1밖에 없는 경우 그만두면 되는 거야.

```
2 | 12  30
3 |  6  15
       2   5
       ↑   ↑
       서로소
```

이렇게 서로 공약수가 없는 경우를 '서로소'라고 해! 여기서는 2와 5가 '서로소'가 되는 거야. 이번엔 세 수의 최소공배수를 구해 볼까?

최소공배수: 2×3×2×5=60

```
2 | 8  12  18
    4   6   9
```
← 4, 6, 9는 '서로소'가 아니다.
(4와 6, 6과 9가 서로 공약수를 가진다)

끝으로 최대공약수가 클까? 최소공배수가 클까? 최대공약수는 공약수 중에서 가장 큰 수이고, 최소공배수는 공배수 중에서 가장 작은 수지. 두 수의 최대공약수와 최소공배수를 예로 들면,

4와 8의 ┌ 최대공약수 : 4   12와 30의 ┌ 최대공약수 : 6
        └ 최소공배수 : 8   └ 최소공배수 : 60

48과 60의 ┌ 최대공약수 : 12   5와 7의 ┌ 최대공약수 : 1
          └ 최소공배수 : 240   └ 최소공배수 : 35

어때? 비교해 보면, '최대'라고 하지만 최대공약수보다 '최소'인 최소공배수가 훨씬 큰 걸 알 수 있을 거야. '최대'와 '최소'의 의미보다는 '공약수'와 '공배수'라는 개념으로 비교해야 더 맞기 때문이지.

```
2 | 8  12  18
2 | 4   6  ⑨   → 9와 2는 공약수를 갖지 않으므로 그대로 내려쓴다.
3 |②   3   9
    2   1   3   → 2와 1, 1과 3, 2와 3은 서로 소이므로 멈춘다.
```
최소공배수: 2×2×3×2×1×3=72

생활에서 수학 읽기

십이지와 십간에서 활용되는 '최소공배수'

2018년 1월 1일, 뉴스마다 '무술년' 새해가 왔다고, 또는 2018년은 황금 '개'띠의 해라고 말하는 걸 들었을 거예요. 우리나라는 ……1999, 2000……2017, 2018…… 처럼 서양력을 매일매일 사용하고 있어요. 하지만 오랜 옛날부터 사용하던 '십간'과 '십이지'의 날짜와 연도 세는 방식도 여전히 우리 생활에서 사용되고 있답니다.

띠는 금방 이해가 되는데 그걸 '십이지'라고 하는 줄은 잘 몰랐을 거예요.

동양에서는 한 해를 책임질 동물이 정해져 있다고 생각했고, 달을 세기 위해 그 동물들을 대표해서 나타냈어요. 즉 자(子, 쥐), 축(丑, 소), 인(寅, 호랑이), 묘(卯, 토끼), 진(辰, 용), 사(巳, 뱀), 오(午, 말), 미(未, 양), 신(申, 원숭이), 유(酉, 닭), 술(戌, 개), 해(亥, 돼지)라고 정했지요.

그리고 날짜를 세기 위해 하늘의 운행을 나타내는 갑(甲), 을(乙), 병(丙), 정(丁), 무(戊), 기(己), 경(庚), 신(辛), 임(壬), 계(癸)라는 '십간'을 만들었어요.

이 둘의 조화로운 조합으로 병신년(2016), 정유년(2017년), 무술년(2018년)이라는 연도를 표기한 거랍니다. 이런 식으로 연도를 정하는 방법을 십간의 첫 글자 '갑'을 따고 십이지의 첫 글자 '자'를 따서 '갑자'라 하는데, 총 60가지 방법이

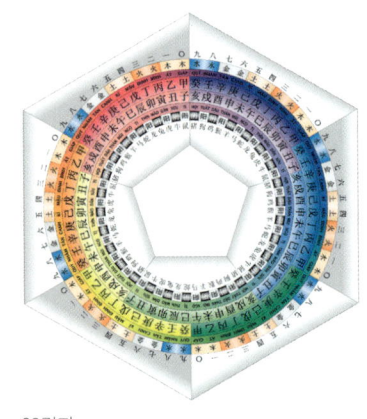

60갑자

나오며 '60갑자'라고 해요. 그런데 이 '60갑자'는 '최소공배수'와 깊은 연관이 있답니다.

'십간'의 10과 '십이지'의 12는 계속 반복적으로 맞물려 끝없이 이어지므로 공배수와 관련이 있어요. 여기서 만들 수 있는 가짓수가 모두 60개인데, 이 수는 바로 10과 12의 최소공배수입니다. 60을 주기로 다시 원래대로 돌아오는 거예요. 여러분이 잘 알고 있는 조선시대 임진왜란이 일어난 해는 서양력으로 1592년인데, 60을 7번 하면 바로 2012년에 임진년이었고 앞으로 60년 후, 2072년에 다시 임진년이 된답니다.

역사책에 등장하는 여러 주요 사건이 일어난 연도는 대부분 '60갑자'로 표현되는데

임진왜란, 병인양요, 갑신정변, 을사조약 등은 앞으로 60의 배수만큼 돌고 돌아서 다시 우리의 일상생활로 돌아오는 이름들이랍니다.

그러면 앞에서 임진왜란을 구해 봤으니 이와 연관 지어 문제를 내 볼게요. 임진왜란 때 왜군으로부터 우리나라를 구하기 위해 이순신 장군이 전투를 벌인 명량해전은 1597년에 있었어요.

명량해전을 서양력이 아닌 60갑자로 나타내면 무엇일까요? 명량해전이 1597년에 일어났으므로 지금으로부터 421년 전이 되겠네요.

421÷10(십간)=42이며 나머지가 1이 됩니다. 만약에 나머지가 없이 딱 떨어지면 60을 7번 반복해서 다시 같아지므로 십간은 '임'이 되지만 1이 남으므로, '임'보다 하나 앞 '신'이 되겠네요.
421÷12(십이지)=35이며 나머지가 1이 됩니다. 이것도 마찬가지로 나머지가 1이므로 임진년의 '진'보다 하나 앞인 '묘'가 됩니다.

이순신 장군이 전투를 벌인 명량해전을 다룬 영화 〈명량〉

그러므로 이순신 장군의 통쾌한 명량해전은 바로 '신묘년'에 일어났답니다.
이렇게 수학은 우리 생활과 아주 밀접한 관계를 가지고 있어서 잘 연관시켜 생각하면 재밌는 놀이가 될 수 있답니다. 유클리드, 아르키메데우스, 피보나치, 페르마, 아인슈타인 등 많은 수학자들이 수학을 생활 속에서 재밌게 공부했답니다.

이야기 6

유령 선장의 마지막 문제

📖 약수와 배수

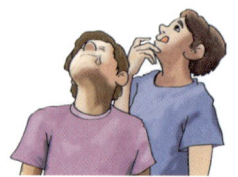

　선장이 자리를 뜨려 하자 도니펀이 앞을 막아서며 화난 어조로 말했어요.
　"프레드릭 선장! 저희와 한 약속은 지키셔야죠. 문제의 정답을 못 맞혔으니 저희의 소원을 들어 줘야 해요."
　"맞아요! 들어 주세요."
　1, 2학년 아이들도 질 세라 앞장서서 외쳐 댔어요.
　"아, 맞다. 내가 난생처음 좌절감을 맛보다 보니 깜박했지. 그래, 보자꾸나. 섬에서 탈출할 방법을 가르쳐 달라는 거지?"
　"맞아요. 저희들은 섬에서 탈출해서 다시 문명의 세상으로 나가고 싶어요."
　고든이 또박또박 말했어요.
　"음……. 이건 말이야……. 맨입으로 가르쳐 주기엔 너무 큰 건

이라서 말이야. 하지만 브리앙이 가르쳐 준 소수 찾는 방법을 보니 나도 정신이 번쩍 드는구나. 나도 소수를 계속 찾아볼 생각이다."

"말 돌리지 말고 바로 말해 달란 말이에요."

도니펀이 지지 않겠다는 듯 말했어요.

"너희 말이 맞아. 여기 이 동굴에 있다간 어느 세월에 지나가는 배에 의해 구조되겠냐……. 먼저 이 섬에서 탈출하는 게 더 중요한 일이지."

"아, 그걸 누가 모르나요? 그러니 빨리 이 섬을 탈출할 수 있는 방법을 알려 주세요."

고든이 약간 짜증 섞인 말투로 얘기했어요.

"알았다, 알았다."

유령 선장이 고든을 진정시키며 말을 이어 갔어요.

"좀 조용히 내 얘기 좀 들어 봐. 사실 이 섬엔 제법 튼실한 배 한 척이 있지. 슬루기호보단 훨씬 작지만 근처 해협을 지나 사람들이 살 법한 다른 섬까지는 충분히 이동할 수 있을 거야. 그 배는 지금……."

"진짜예요? 배가 있단 말이에요!"

아이들은 모두 너무 놀라고 좋아서 유령 선장 주위로 동그랗게 몰려들었어요.

"어디에 있어요, 어디요?"

도니펀도 흥분한 듯 말했어요.

"음, 그건 말이지. 내가 슬루기호에 봉인되었다가 두 번짼가 세 번째 풀려났을 때 말인데, 그 배엔 탐험가와 학자들이 타고 있었어. 이 주위 섬들을 돌며 채집하고 글을 쓰고 그러는 것 같더라고. 이 섬, 저 섬 쉽게 이동하기 위해 작은 배지만 튼튼하게 만든 걸 하나 더 가져온 거지. 바로 그 배를 여기 이 섬에 놔둔 걸로 알고 있어."

"정확한 사실인가요? 추측인가요?"

브리앙이 다그치며 물었어요.

"거의 정확하다고 할 수 있지. 암~"

"이제 말씀해 주세요. 도대체 그 배는 이 섬 어디에 있는 거예요? 저희들이 이 섬에서 벌써 겨울을 지냈다고요. 충분히 고생했으니 여기서 나갈 때가 된 것 같아요."

도니펀이 힘주어 말했어요.

"그건 말이지……."

"왜 빨리 말을 못해 줘요?"

고든이 사나운 얼굴로 유령 선장 앞을 가로막았어요.

"그게 말이다……. 왜냐하면 내가 직접 본 게 아니라 듣기만 한 거라서 정확히 그 배가 어디에 있는지 위치를 모른다고. 이 섬이 이래 봬도 꽤 크거든. 중심부에 산도 있고 절벽도 있고 호수도 있고 숲도 꽤 깊지."

"잠시만요! 호수가 있다고요?"

브리앙이 물었어요.

"응? 호수…… 호수가 있지. 남서쪽 방향일걸, 아마. 내가 너희들에게 지도를 줬잖니. 거기를 보면……."

"바닷가 해변에 숨겨 두진 않았을 거야. 그랬다간 파도에 남아 있지 않았을 테니. 그럼 호수에 있는 게 틀림없어. 그 호수는 분명 바닷길과 어떻게든 연결돼 있어서 이 섬 저 섬 이동할 수 있었을 거야."

브리앙이 확신에 찬 얼굴로 말했어요.

"와, 대단한 추측인데……."

고든도 얼굴이 밝아지며 말했어요.

"여기서 또 겨울을 맞고 싶진 않아. 당장이라도 배를 찾으러 떠나자!"

도니펀이 말했어요.

"맞아, 겨울은 정말이지 견디기 힘들어. 가족과 집이 너무 그리워."

백스터가 말했지요.

"좋아, 오늘은 이미 밤이 깊었으니 내일 조를 짜서 출발하도록 하자."

고든의 선언과 함께 모두들 새로운 기대로 들떠서 잠자리에 들었어요.

다음 날, 고든과 브리앙, 웨브, 윌콕스가 한 조로, 총을 가진 도니펀과 크로스, 백스터가 한 조가 되어 섬을 두 부분으로 나눠서 탐험하기로 했어요. 그리고 선원 모코와 이 섬에 와서 의젓해진 3학년 가넷, 그리고 서비스가 동생들을 돌보며 남아 있기로 했지요.

나침반과 약간의 식량, 물을 챙겨서 떠난 고든과 브리앙, 웨브는 총이 없어서 숲이 없는 바위산 쪽으로 경로를 정했어요. 가는 길에 나무 열매도 따먹으며 걸었지만 바위가 날카로워 더디게 움직일 수밖에 없었답니다.

도니펀과 크로스, 백스터는 숲 쪽으로 방향을 정했어요. 제멋대로 자란 나뭇가지와 풀들 때문에 힘들긴 했지만 전진하기엔 나쁘지 않았지요. 저녁이 되자 간단히 식사를 한 두 팀은 모두 내일은 성과가 있으리라 생각하며 일찍 잠자리에 들었어요.

다음 날 고든과 브리앙, 웨브는 절벽 쪽에 도착했어요. 갈매기 서식지였는데 산란기 때여서 오래 있을 수 없었어요. 대신 알을 몇 개 가져와서 점심을 대신했지요. 갈매기 알을 생으로 먹는 거라 비릿했지만 생존을 위해서는 먹어야 했어요. 야생에서 식량을 구하는 건 이젠 큰 어려움이 없을 만큼 숙련되었지요.

바로 그때였어요. 총소리가 들리며 신호탄이 서쪽 숲 한가운데서

솟아올랐어요. 배를 먼저 발견한 팀이 신호탄을 3번 쏘아 올리기로 했기 때문이에요.

"아! 드디어 도니펀 일행이 배를 찾았나 봐."

고든이 총소리가 들리는 쪽을 바라보며 말했어요.

"서둘러 그쪽으로 가자."

고든 팀은 나침반을 보며 서쪽 숲을 향해 빠른 걸음으로 움직였어요. 어찌나 기쁜지 힘든 줄도 모르고 정신없이 숲 속으로 들어갔지요.

한참 가다 보니 물줄기가 보였어요. 웨브가 먼저 한 손으로 조금 떠서 입에 갖다 대었지요.

"짜지 않아. 민물이야. 호수 가까이 온 것 같아."

물줄기를 따라 계속 올라가니 큰 호수가 보였고, 한쪽에 도니펀 일행이 배와 함께 있는 게 보였어요.

"배야, 배."

"유령 선장이 거짓말을 하지 않았어."

도니펀이 말했어요.

"와, 생각했던 것보다 훨씬 크고 멋진걸."

"그래, 방수포로 잘 덮여 있어서 보존이 잘된 것 같아."

"그런데 이것저것 낡아서 고치지 않고 바로 탈 수는 없을 것 같아."

아이들은 먼저 보트를 수리하기 시작했어요. 보트는 길이 10미터에 폭 2미터로, 15소년이 타기에는 충분히 넉넉해 보였어요. 아이들은 밤낮으로 쉬지 않고 보트를 수리했지요. 구멍 난 곳을 메우고, 떨어진 곳을 못으로 단단하게 박았지요. 그런데 돛대가 없었다는 것을 뒤늦게 발견했지 뭐예요?
　"돛대가 없으면 항해를 오래 할 수가 없어. 계속 노를 저을 수도 없는 노릇이고."

그때 브리앙이 말했어요.

"지금 돛대와 돛을 만드는 건 불가능한 일이야. 슬루기호의 돛대를 쓰면 어떻겠니?"

"아. 그거 좋은 생각이야."

다들 브리앙의 아이디어에 찬사를 보냈어요.

배는 서서히 제대로 된 모습을 갖추기 시작했어요. 모두들 지도를 보며 이 배를 어떻게 옮길지, 물줄기가 어디로 향하는지 알아보았지요. 하지만 물줄기까지 지도에 표시되어 있지 않아 무작정 배를 타고 나갔다가는 바다 어디로 가 버릴지 모르는 일이었어요. 그리고 남겨진 아이들을 영영 못 만날지도 모르는 일이었죠.

"안 되겠어. 배를 여기다 두고 물줄기를 따라 이동하며 표시해 보자."

고든의 제안에 모두들 호숫가 바닷길과 만나는 물줄기를 찾아 다시 길을 떠났어요. 두 팀이 동굴을 나간 지 5일째가 되어서야 모두 동굴로 돌아올 수 있었지요.

"형! 형!"

"엉엉엉!"

눈이 빠지게 형들을 기다리고 있던 동생들은 형들이 멀리서 오는 것이 보이자 고함을 치고 눈물을 흘렸어요. 그리고 서로 얼싸안고 동굴 주위를 빙글빙글 돌았지요.

저녁을 먹고 모두 모이자 고든이 말했어요.

"드디어 배를 타고 다시 항해를 시작할 거야. 사람이 살고 있는 근처 섬에 안전하게 도달할 수 있을지는 장담할 수 없어. 하지만 이 섬에서 마냥 또 한 해를 보낼 수는 없어. 내 말에 동의하니?"

고든에 말에 모두 고개를 끄덕였어요.

"물론이지."

"빨리 이 섬을 떠나자."

"엄마가 너무 보고 싶어."

"좋아, 내일 날이 밝으면 여기에 있는 짐을 정리하고 식량과 총, 모포 몇 장만을 챙겨서 배가 있는 곳까지 떠나도록 하자."

"와아! 우우우~"

모두들 환호성을 치며 기뻐했어요. 그때 유령 선장 프레드릭이 나타났지요.

"오호, 모두들 좋아 보이는구나."

"선장님, 선장님도 저희와 함께 떠나요."

자크가 다정하게 말했어요.

"그래요, 선장님도 저희와 함께 같이 가요."

그러자 유령 선장이 눈물을 보이기 시작했어요.

"고맙구나, 고마워. 정말이지 너희들과도 정이 많이 들었구나. 흐흐흐흑."

"선장님이 우는 건 어울리지 않아요. 호기롭게 웃어야 어울린다고요."

도니편이 말했어요.

"흐흐흐헤헤헤헤헤, 그러냐?"

유령 선장이 우는 것도 아니고 웃는 것도 아닌 표정을 해 보였어요.

"마지막으로 너희들이 내 문제를 좀 풀어 줘야겠구나. 그리고 다시 한 번 나는 긴 침묵 속으로 들어갈 생각이란다. 난 내 배 슬루기호를 도저히 버리고 떠날 수가 없단다. 그 작은 방에서 난 또 누군가를 기다릴 거야. 혹시 아니? 너희 중 누군가가 멋진 선장이 돼서 나를 찾아올지 말이다. 크하하하하."

"역시 선장님은 멋져요. 제가 크면 아주 큰 배의 선장이 돼서 만나러 올게요."

자크가 말했어요.

"역시 내 애제자로구나. 푸헤헤헤헤헤."

"그런데 문제란 게 뭔가요?"

고든이 물었어요.

"그건 말이다. 슬루기호가 벌써 반 이상이나 부서졌잖니. 물론 내 작은 방은 아직 안전하지만, 더 오랜 시간이 흐르면 슬루기호가 완전히 부서져 버릴 수도 있거든. 그러니 슬루기호가 마주 보이는 육지에 내 보물상자를 넣을 돌탑을 만들어 주렴. 너희들 손으로 만들어 준다면 우정 어린 그 탑에 들어가 있어도 외롭지 않을 거야."

"그 정도는 저희 힘으로 충분히 만들어 드릴 수 있어요. 상자가 들어갈 충분한 크기면 주변에 돌을 날라다 쌓아 올리면 될 거예요."

고든이 말했어요.

"그렇게 해 준다니 눈물이 날 지경이구나. 근데 난 말이지, 원체 나무로 된 배 안에 있던 몸이라 상자를 넣을 바닥만은 내 배에서 나온 나무를 쓰고 싶구나. 내가 미리 생각을

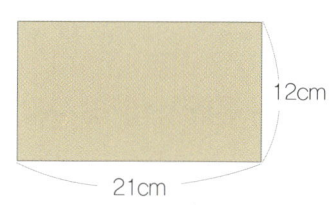

해 왔지. 가로 21cm, 세로 12cm인 직사각형 모양의 나무판자를 빈틈없이 붙여서 가장 작은 정사각형 모양이 되게 만들려면 한 변의 길이가 어떻게 되는지 알아봐 주렴. 그게 내 마지막 문제란다."

"그건 바로 최소공배수로 풀 수 있어요."

브리앙이 말했어요.

"가로 21cm, 세로 12cm의 나무 판자를 계속 붙이는 것이므로 가로는 21의 배수로 커지고, 세로 역시 12의 배수로 커지기 때문에 공배수가 필요해요. 그런데 가장 작은 정사각형 모양이 되게 해야 하니까 21과 12의 최소공배수를 구하면 돼요."

브리앙의 명쾌한 설명이 이어졌어요.

"오홋, 좋구나. 뭐든지 수학적으로 연결되는 건 정말 멋진 일이야."

선장은 흐뭇한 얼굴 표정을 지으며 두 손을 마주 잡고 말했어요.

$$\begin{array}{r|rr} 3 & 21 & 12 \\ \hline & 7 & 4 \end{array}$$

"그럼, 21의 배수는 21, 42, 63, 84……. 12의 배수는 12, 24, 36, 48, 60, 72, 84……."

고든이 허공에 초점을 맞춘 상태로 말했어요.

"좋아, 그럼 21과 12의 최소공배수는 84가 돼. 그럼 탑 바닥에 깔 나무판자의 정사각형의 한 변의 길이는 84cm면 돼."

브리앙이 말했어요.

다음 날 아이들은 슬루기호에서 부서져 나간 나무판자를 육지로 옮겨와 유령 선장의 소원인 탑을 만들어 주었어요. 15명 모두 힘을 합쳐 만들었기에 더욱 의미 있었지요. 아이들은 슬루기호가 완전히 없어질 때 선장이 상자 안으로 들어갈 수 있도록 탑 안에 상자를 조심스레 넣은 후 눈에 잘 띄게 슬루기호의 깃발을 꽂아 두었어요.

어느 쾌청하고 날씨 좋은 날, 15명의 아이들은 그동안 머물렀던 동굴을 떠나 배가 있는 호수로 떠났어요. 도착한 아이들은 모든 짐을 배로 옮겨 싣고, 키우고 있던 가축들도 모두 자유롭게 풀어 줬지요. 저학년 아이들은 그동안 친하게 지냈던 가축들을 떠나보내면서 눈물을 보였어요.

2월 5일 마침내 닻을 올리고 돛을 달았어요. 그리고 아이들은 노를 젓기 시작했지요.

"만세!"

아이들은 멀어지는 섬을 보며 일제히 만세를 불렀어요. 그리고 지난 2년 동안 갖은 고생을 다하며 생존했던 섬을 향해 이별의 손을 흔들었지요. 한편으로는 냉혹한 서바이벌의 현장이고, 한편으로는 따뜻한 보금자리였던 곳에 경의를 표한 것이었어요.

15명을 태운 배가 호수를 지나 바다로 연결된 해협으로 나가더니 어느새 푸른 바다로 나아갔어요. 배는 순조롭게 항해했지요. 아이들은 선장의 충고대로 마젤란 해협을 돌아 남동쪽 제일 가까운 항구로 가는 걸 꿈꿨어요. 하지만 그렇게 멀리 갈 필요도 없었답니다.

2월 13일, 뱃머리에 서 있던 서비스가 소리쳤어요.

"배다! 증기선이 보여!"

잠시 후 커다란 증기선이 아이들의 눈에 보이기 시작했어요. 아이들은 감격해서 미친 듯이 함성을 지르기 시작했지요.

"여기예요, 여기!"

"아무리 함성을 질러 봤자 들리지 않아. 빨리 신호탄을 준비해."

고든은 애써 침착하려는 듯 아이들을 독려했어요.

"자, 모두 총을 꺼내 일제히 하늘을 향해 쏘는 거야."

아이들은 장총을 꺼내 하늘을 향해 연달아 쏘아 댔어요.

"탕탕탕! 탕탕탕!"

총소리를 듣고 소년들에게 다가온 것은 오스트레일리아로 향하던 7톤급 대형 증기선인 그래프턴호였어요. 그래프턴호 선원들은 아이들을 배로 모두 실어 올렸어요.

그래프턴호의 톰 롱 선장은 아이들이 이제껏 겪은 일을 모두 듣고는 매우 놀라고 대견해했어요. 그리고 배에 있는 동안 맛있는 음식과 따뜻한 잠자리를 제공하며 극진히 보살펴 주었지요.

"나도 이미 들어서 알고 있었다. 슬루기호에 탄 소년들이 모두 실종되어 사망했을 거라고 했는데 이렇게 건강하게 살아 있다니, 믿을 수가 없구나. 내가 너희들을 집으로 데려다 주마."

"야호, 그게 정말이세요? 선장님."

"정말 고맙습니다, 선장님."

약속한 대로 그래프턴호의 톰 롱 선장은 아이들을 뉴질랜드에 내려다 주었어요. 아이들은 톰 롱 선장을 만나고 십여 일 만에 드디

유령 선장의 친절한 개념 설명

유클리드의 호제법

'유클리드'라는 이름을 한 번쯤은 들어 봤을 거야. 뭐, 처음 들어 본다고? 이런 이런, 유클리드로 말할 것 같으면 수학계에선 너희들이 좋아하는 빅뱅이나 방탄소년단만큼 유명하고 인기 있는 사람이야. 푸하하하~

유클리드(기원전 330~기원전 275)

유클리드가 쓴 『기하학 원론』이라는 책은 서양 쪽에서 성경 다음으로 많이 팔리고 읽힌 책이란다. 그러니 수학 좀 하는 너희들도 꼭 알아 놔야 할 이름이라고.

고대 이집트에서는 그리스 수학자인 유클리드의 명성을 듣고 그를 알렉산드리아라는 도시로 초빙했지. "수학엔 왕도(王道)가 없다"란 유명한 말도 유클리드가 남긴 명언이야. 너희처럼 수학을 어렵게 느꼈던 어린 프톨레마이오스 2세는 수학을 가르쳤던 유클리드에게 더 쉬운 방법은 없는지 물었고, 유클리드는 수학은 왕이라도 어쩔 수 없이 한 단계 한 단계씩 배워 나가는 수밖에 없다고 말했단다.

그러니 너희들도 꾀부릴 생각은 하지 않는 게 좋다고. 하하하하핫!

우리가 지금까지 배운 최대공약수도 바로 이 유클리드가 최초로 고안해 냈다고 할 수 있지. 유클리드는 그의 저서인 『기하학 원론』에서 이 최대공약수 구하는 방법을 '호제법'이라고 이름 붙였는데, 그 방법은 의외로 간단하단다.

앞에서 최대공약수를 구하기 위해 소인수분해를 이용하는 방법을 공부했는데, 큰 수의 최대공약수는 오히려 고대 수학자 유클리드의 방법이 더 쉽단다.

예를 들어, 132와 36의 최대공약수를 구한다고 하면 소인수분해로 최대공약수를 구하는 방법은 모두들 잘 알고 있을 거야. 132와 36의 최대공약수는 3×2×2=12이므로 12가 된단다.

```
3 | 132   36
2 |  44   12      최대공약수 : 12
2 |  22    3
      11    3
```
(소인수분해로 최대공약수 구하기)

자, 그럼 무려 기원전 300년경 사람인 유클리드 선생님이 더 쉬운 방법으로 구한 '호제법'으로 구해 보자고. 132를 36으로 나누면 몫은 3이고 나머지는 24가 되지. 여기서 나머지 24를 다시 이용해 원래 두 수 132와 36 중에서 작은 수인 36과 나눈단다. 36을 24로 나누면 몫은 1이고 나머지는 12가 되지. 나머지 12를 금방 나눈 두 수 36과 24 중에서 작은 수인 24와 다시 나누면, 몫은 2이고 나머지는 0이 되면서 더 이상 나눌 수 없게 될 거야.

나머지가 0이 나오면 바로 전 단계의 나머지가 바로 최대공약수가 되는 방식이지. 다시 정리해 보면,

$$132 \div 36 = 3(몫) \cdots\cdots 24(나머지)$$
$$36 \div 24 = 1(몫) \cdots\cdots 12(나머지) \rightarrow 최대공약수는 12!$$
$$\uparrow$$
$$24 \div 12 = 2(몫) \cdots\cdots 0(나머지)$$
(유클리드의 호제법으로 구한 최대공약수)

결국 유클리드의 호제법을 너희들 눈높이로 쉽고 간단히 설명하자면, 두 정수를 같은 수로 계속 나누어 가며 최대공약수를 셈하는 방법이란다.

어 꿈에 그리던 오클랜드에 도착할 수 있었지요.
 죽은 줄 알았던 아이들이 살아 돌아오자 부모들은 기쁨의 눈물을 흘리며 반갑게 맞아 주었어요.
 아이들은 그 힘든 탐험을 경험하고 유령 선장을 만나는 특이한 체험을 한 뒤에 뒤늦게 수학이 얼마나 중요한 것인지 깨닫게 되었어요. 그리고 지금까지 재미없는 과목이라고 생각했던 수학에 새삼 재미를 느끼고, 시키지도 않았는데 어느 누구보다 열심히 수학

을 공부하게 되었지요. 그리고 수학은 공부하면 할수록 매력적인 과목이라는 것을 몸소 체험할 수 있었어요. 그래서 오클랜드의 체어먼 기숙학교는 뉴질랜드에서 가장 수학을 잘하는 학교로 명성을 날리게 되었다고 해요.

그런데 유령 선장은 어떻게 되었냐고요?

그 섬에 우연히 들른 학자 중에 식물학자이자 철학자이고 수학자이기도 한 탐험가에게 수학 문제를 내며 신나게 지내고 있다고 해요. 그런데 이번 수학자는 실력이 만만치 않아서 유령 선장이 꽤 고생하고 있다나 봐요. 저승에는 언제 갈지 아무도 모른다네요.

브리앙의 영특한 내용 정리

유클리드의 호제법

유클리드의 호제법이 소인수분해보다 더 복잡하고 어렵다고?
아마 소인수분해에 익숙해서 그럴거야. 하지만 큰 수의 최대공약수 구할 때 호제법이 더 쉬울 수도 있고 익숙해지면 이런 방법도 있구나~ 하며 다양하게 쓸 수 있어. 자, 그럼 호제법에 대해 살펴볼까?

* 두 정수 A와 B에서,

$$G \underline{)\, A \quad B\,}$$
$$\, a \quad b$$

여기서 G는 최대공약수라고 할 때,

⟨호제법⟩ $A = Bq + R$ (나머지)
$G = G$

A와 B의 최대공약수와 B와 R의 최대공약수는 같아.

두 정수가 A(132)와 B(36)이고 최대공약수를 G라고 할 때,

$132 = 36 \times 3 + 24$
$G1 = G2$

$$36 \underline{)\, 132\,}$$
$$\underline{108}$$
$$24$$

(몫 3)

여기서 G1과 G2는 같고, 우리가 구하고 싶은 G1 즉, 132와 36의 최대공약수는 36과 24의 최대공약수와 같기 때문에, 36과 24의 최대공약수를 구하면 돼.
G3과 G4가 같기 때문에 36과 24의 최대공약수를 구하는 대신, 24와 12의 최대공약수를 구하면 돼.

$36 = 24 \times 1 + 12$
$G3 = G4$

$24 = 12 \times 2 + 0$
24는 12로 나누어떨어지므로 더 이상 계산할 필요

없이 최대공약수는 12가 되지.
그러므로, 호제법으로 구하면 132와 36의 최대공약수는 12가 되는 거야.
그래도 소인수분해보다 더 복잡해 보이지? 이제 본격적으로 적응해 보도록 하자고. 132와 36의 최대공약수를 호제법으로 간단하게 표기해 볼게.

    (132, 36) = 24(나머지만 표기)
    (36, 24) = 12
    (24, 12) = 0
        ↑
    최대공약수

어때, 한눈에 최대공약수가 12라는 게 보이지?
이번엔 85와 51의 최대공약수를 구해 보자.

    (85, 51) = 34
    (51, 34) = 17
    (34, 17) = 0

최대공약수는 17이란 걸 한눈에 알 수 있지.
앞에서 유클리드의 호제법은 큰 수일수록 더 쉽다고 했지?

    (9379, 5876) = 3503
    (5876, 3503) = 2373
    (3503, 2373) = 1130
    (2373, 1130) = 113
    (1130, 113) = 0

따라서 9379와 5876의 최대공약수는 1130이란 걸 금방 구할 수 있어. 이렇게 큰 두 수를 소인수분해한다면 너무 힘들고 복잡해서 포기하고 싶어질 거야. 이런 경우엔 유클리드의 호제법이 아주 유용하지.
놀라운 사실은, 이 방법을 유클리드라는 아저씨가 무려 기원전에 발견했다는 사실이야. 우리도 왕도가 없는 수학을 재밌게 열심히 풀어 나가야 하겠지?

생활에서 수학 읽기

수학과 블록체인 그리고 암호화폐

약수란 어떤 수를 나누어떨어지게 하는 수입니다. 즉, A라는 수가 B라는 수로 나누어떨어질 때, B를 A의 약수라고 합니다. 예를 들면, 6=2×3에서 2와 3은 6의 약수로 딱 떨어집니다. 배수는 어떤 수의 배가 되는 수이므로 2의 배수는 4, 6, 8, 10……. 계속 일정하게 딱 떨어집니다. 이처럼 수학은 거짓과 오류 없이 딱 떨어지는 데 매력이 있습니다. 수학을 통하면 남을 속이거나 거짓과 허위가 비집고 들어갈 수 없기 때문입니다.

요즘 블록체인이 화제죠? 블록체인이란 쉽게 얘기해서 거래 정보를 하나의 덩어리(블록)로 보고 이것을 차례차례 연결한(체인) 장부라고 생각하면 됩니다. 이 장부는 거래자만 보관하는 현실 속 장부와 달리 내용이 모두에게 공개됩니다. 내가 철수한테 빌려준 돈의 내역도 기록되고 철수가 그 돈을 어디에 썼는지도 역사처럼 해시태크로 기록됩니다. 누가 여기에 장난을 치거나 해킹을 해도 그것마저 기록되니 범인이 금방 드러날 것입니다. 그래서 지금까지 어느 무엇보다 블록체인은 투명하고 안전한 기술로 인정받고 있습니다. 바로 수학을 활용했기 때문입니다.

은행 거래를 하게 되면 꼭 필요한 것이 '공인인증서'입니다. 이것을 은행 가서 발급받고 기간이 만료되면 갱신하거나 재발급받는 것이 엄청나게 불편하답니다. 이것 때문에 외국 간의 직거래나 기업의 수출, 수입도 지장을 많이 받게 됩니다. 그래서 정부에서는 2018년에 공인인증서를 폐지한다고 하는데, 그렇다면 그것을 대체하는 데 가장 유용한 기술이 블록체인이라 할 수 있겠죠.

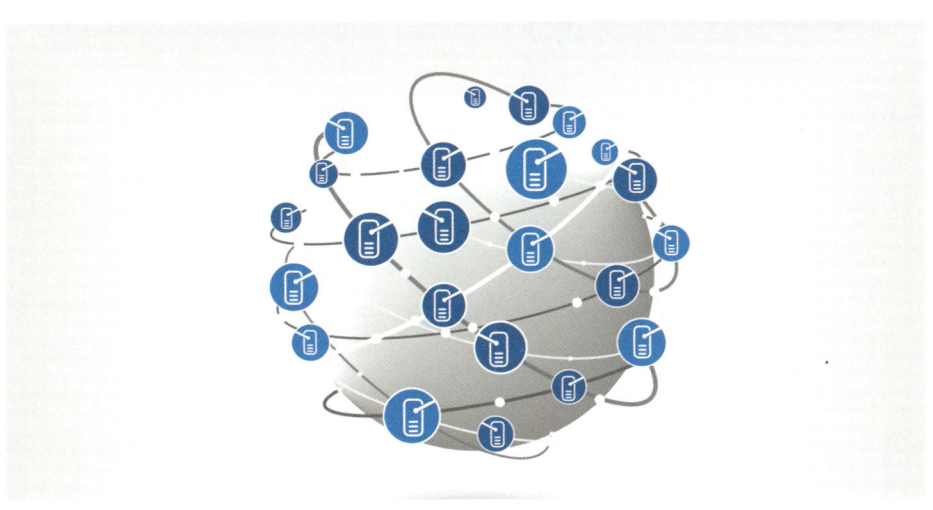

블록체인은 거래를 할 때 은행과 같이 정부가 신뢰성을 인정한 '제3의 공인기관'이 필요 없습니다. 은행을 거치지 않고 개인과 개인이 직접 거래할 수 있지요. 이런 방식을 P2P(Peer to Peer)라고 하는데 현재도 이미 사용하고 있는 방식입니다. 아마 많은 사람들이 음악이나 동영상을 다운로드할 때 P2P 네트워크를 이용해 본 적이 있을 겁니다. 이런 사이트들은 우리에게 편리함을 제공하지만, 사용할 때마다 조금씩 걱정되는 부분이 있는데 '내가 지금 다운받는 파일 출처가 어디지? 허락된 파일인가?'라는 것입니다. 파일에 내역이나 기록이 없기 때문이죠.

우리가 인터넷 뱅킹으로 아무 의심도 없이 돈을 보내는 것은 지금까지 은행이 보증해 주었기 때문입니다. 그래서 '공인인증서'라는 불편하지만 확실한 보안도구가 필요했지요. 만약 블록체인을 통해 기록과 내용이 모두 기록된다면 위조나 해킹 염려가 없고 번거로운 절차도 없는 확실한 시스템이 되어 모르는 개인끼리도 거래가 이뤄질 수 있는 것입니다.

이런 블록체인 기술을 통해서 만들어진 것이 비트코인, 이더리움 같은 '암호화폐'인 것입니다. 쉽게 말해서 싸이월드 '도토리'나 '네이버 캐시', 그리고 여러 사이트의 '코인'과 같이 실제 돈은 아니지만 게임 아이템을 사거나 서비스 이용료를 결제할 수 있는 돈인 것이죠. 이렇게 가상화폐가 많은데도 비트코인 같은 암호화폐가 특별히 주목을 받은 건, 작동 방식이 특이하기 때문입니다.

작동하는 시스템은 P2P 방식으로 같지만, 누구나 암호화폐를 만들 수 있습니다. 성능 좋은 컴퓨터로 수학 문제를 풀면 그 대가로 얻게 됩니다. 이렇게 암호화폐를 만드는 과정은 광산업에 빗대어 '캔다'(mining)라고 하고 그것을 만드는 사람을 영어로 '마이너'(miner)라고 부릅니다. 수학 문제로 암호화폐를 만든다는 게 참 흥미롭죠? 그런데 암호화폐를 얻기 위해 풀어야 하는 수학 문제는 꽤 어려운 편이라고 합니다. 일종의 암호 풀기인데, 일반 컴퓨터 1대로 5년이 걸려야 풀 수 있다고 합니다. 왜 비

트코인 같은 가상화폐를 암호화폐라 부르는지 이제 알겠죠?

암호화폐는 전체 통화량이 정해졌다는 점에서 일반화폐와 다릅니다. 각 국의 중앙은행과 조폐공사는 상황에 따라 돈을 새로 찍으면 되지만 암호화폐는 광부가 돼 수학 문제를 풀고 돈을 '캐야' 하고 그 수도 한정돼 있습니다. 광부가 아닌 사람은 암호화폐를 돈으로 사고팔아야 합니다. 한정된 수량이기 때문에 암호화폐의 가격이 천정부지로 뛰어오른 적도 있습니다.

인터넷의 가상화폐인 도토리, 초코, 크레딧 등으로는 인터넷에서만 파는 아이템이나 음악, 동영상을 살 수 있지만 암호화폐는 다릅니다. 실제 돈처럼 여기는 상점과 가게가 점점 늘어나고 있고, 암호화폐를 현금으로 뺄 수 있는 현금지급기도 생겨나고 선불카드도 만들어지고 있습니다. 점점 통화로서 자리를 잡아 갈 것으로 예상됩니다. 은행이 필요 없는 개인 간의 투명하고 안전한 거래라고 하니 이걸 통해 새로운 세상이 펼쳐질 것으로 예상됩니다. 여러분도 미래에 펼쳐질 세상을 대비하면서 수학으로 만들어진 블록체인 기술과 암호화폐에 대해서 제대로 알고 늘 관심을 가지면 많은 도움이 될 것입니다.